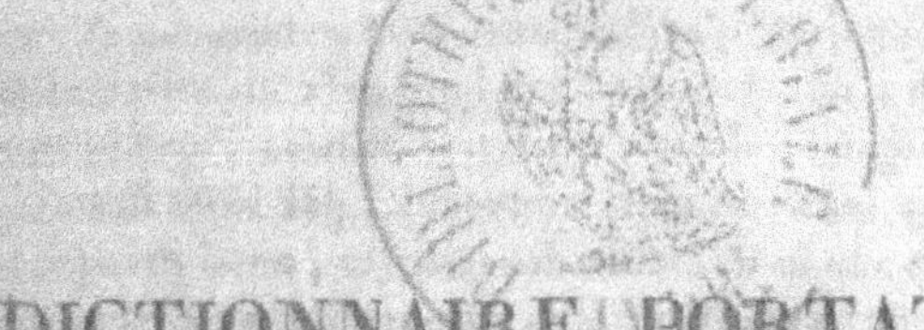

DICTIONNAIRE PORTATIF

D'ARCHITECTURE CIVILE.

AVERTISSEMENT.

Les Dictionnaires d'architecture sont extrêmement rares et la plupart d'entre eux rebutent par leur prix ou effraient par leur volume ; d'ailleurs, depuis quelques années l'architecture s'est enrichie d'une foule de mots nouveaux, par suite des excursions qu'elle a faites sur le domaine des sciences, aussi presque tous ces dictionnaires ne se trouvent plus aujourd'hui au niveau des connaissances actuelles.

Toutefois, le désir de mettre ce petit ouvrage à la portée des simples ouvriers, m'a fait regarder comme une loi de me renfermer dans un cadre très resserré et de dire beaucoup de choses le plus brièvement possible, sans omettre toutefois rien de ce qui pourrait être véritablement utile.

La rédaction d'un ouvrage de ce genre a exigé beaucoup de recherches, la plus minutieuse attention et surtout une application soutenue ; je n'ai pas la prétention de donner un Dictionnaire parfait, mais du moins je n'ai rien négligé pour approcher le plus près du but que je m'étais proposé, l'utilité ; trop heureux si je pouvais me flatter de l'avoir atteint, car ce n'est point l'éclat et encore moins la fortune qui me guideront jamais dans mes faibles productions, le désir d'applanir quelques difficultés aux jeunes artistes et surtout aux simples ouvriers, de contribuer au développement de leur intelligence et par conséquent à leur bien-être, voilà ma seule ambition, le seul but où j'aspire, c'est à ceux qui me liront à juger si je m'en suis approché.

DICTIONNAIRE
PORTATIF
D'ARCHITECTURE CIVILE

ET DES ARTS QUI EN DÉPENDENT,

Tels que la Maçonnerie, la Charpenterie, la Menuiserie, la Serrurerie, etc., etc.; ainsi que la définition des nouveaux termes dans ces arts;

Par Urbain Vitry,

ARCHITECTE, PROFESSEUR DE GÉOMÉTRIE ET DE MÉCANIQUE APPLIQUÉES AUX ARTS A L'ÉCOLE DE TOULOUSE;

MEMBRE DE LA SOCIÉTÉ DES BEAUX ARTS, CORRESPONDANT DU RECUEIL INDUSTRIEL, ETC., ETC.

AUDOT, LIBRAIRE-ÉDITEUR,

RUE DES MAÇONS SORBONNE, N° 11.

1827.

EXPLICATION DES ABREVIATIONS.

act. actif.
adj. adjectif.
adv. adverbe.
f. féminin.
ind. indéclinable.
m. masculin.
n. neutre.
pl. pluriel.
s. substantif.
v. verbe.
voy. voyez.

Le signe | sépare les diverses significations d'un même mot.

DICTIONNAIRE

D'ARCHITECTURE CIVILE.

A

Abajour, s. m. quelques-uns écrivent *abbajour*, d'autres *abatjour*. Espèce de fenêtre en forme de grand soupirail, destiné à éclairer tout étage souterrain.

Abaque, s. m. c'est la partie supérieure ou le couronnement du chapiteau de la colonne qu'on nomme aussi *tailloir*. Les ouvriers donnent le nom d'*abaque* à un ornement gothique, avec un filet ou chapelet de la moitié de la largeur de l'ornement ; et ils nomment ce filet, le filet ou le chapelet de l'*abaque*.

Abatis, s. m. démolition des décombres d'un bâtiment.

Abattoir, lieu destiné à abattre ou à tuer le bétail pour la boucherie.

Abat-vents, s. m. pl. nom qu'on donne à de petits auvens au dehors des tours d'église et des clochers dans les tableaux des couvertures.

Abbaye, s. f. c'est un bâtiment joint à un couvent, et habité par un abbé ou une abbesse.

About, s. m. c'est dans la charpenterie l'extrémité d'une pièce de bois depuis une entaille ou une mortaise.

Aboutir, v. act. revêtir de tables minces de plomb blanchi, une corniche, un ornement, ou tout autre saillie de sculpture ou d'architecture de bois.

Abreuvoirs, s. m. pl. nom qu'on donne en maçonnerie à de petites tranchées faites dans les joints et lits de pierre, afin que le mortier s'accroche avec les pierres et les lie.

Abreuvoir, s. m. c'est un glacis le plus souvent pavé, qui conduit à un bassin ou à une rivière, pour abreuver les chevaux ou ce bassin lui-même.

Abside ou *absis*, s. m. voûte, partie circulaire. | Sanctuaire dans une église. | Peu usité.

Académie, s. f. lieu composé de plusieurs salles où s'assemblent des savans, des gens de lettres, etc.

Académie royale d'architecture. Cette académie fut établie le 30 novembre 1671, par les soins de M. Colbert, et fait maintenant partie d'une des sections de l'Institut de France.

Acanthe, s. f. ce mot est le nom d'une plante, dont on forme la feuille du chapiteau corinthien.

Accolement ou *accotement*, s. m. espace de terrain entre les bordures d'un pavé et les fossés d'un chemin.

Accoler, v. act. on se sert de ce terme en architecture pour exprimer l'entrelacement autour d'une colonne des branches de palmes, de lauriers, de bandelettes, etc.

Accoudoir, s. m. voy. *appui*.

Accouplement, s. m. on entend par ce terme la manière d'espacer les colonnes deux à deux, le plus près les unes des autres qu'il est possible, sans que les bases et les chapiteaux s'engagent les uns dans les autres.

Acoustique, adj. exprime la propriété de certaines voûtes de propager le son de la voix.

Acrotères, s. m. pl. petits piédestaux, le plus souvent

sans base et sans corniche, pour porter des figures au bas des corniches rampantes et au faîte des frontons. Le même mot signifie aussi un petit mur qui règne sur les extrémités des bâtimens.

Adent, assemblage en | réunion de deux planches au moyen d'une rainure et d'une languette triangulaires.

Adosser, v. act. c'est joindre un appentis, appuyer une maison contre une autre, ou simplement contre un mur.

Adoucir, v. act. l'art de laver un dessin d'architecture, de manière que les ombres se perdent insensiblement dans le clair.

Adoucissement, s. m. c'est le raccordement et la liaison qui se fait d'un corps avec un autre par un chanfrein, ou par un cavet.

Affaiblir, v. a. diminuer l'épaisseur d'un mur ou d'une pièce de charpente.

Affaissé, ad. on dit qu'un bâtiment est affaissé, lors qu'étant fondé sur un terrain de mauvaise consistance, son poids le fait baisser.

Affleurer, v. act. c'est réduire deux corps saillans l'un sur l'autre à une même saillie ou surface.

Agencement, s. m. dispositions et rapports de plusieurs membres d'architecture, surtout lorsque cette disposition a quelque chose d'inusité.

Agrafe, s. f. nom qu'on donne à tout ornement de sculpture, qui semble unir plusieurs membres d'architecture les uns avec les autres. | Terme de maçonnerie, voy. *crampon*.

Aides, s. f. pl. on appelle ainsi en architecture tous les petits lieux qui sont à côté de plus grands pour leur servir de décharge.

Aiguille, s. f. pyramide de charpente établie sur la tour d'un clocher ou le comble d'une église. | Pièce de bois verticale, où sont assemblés les arbalétriers d'un comble pyramidal.

Aiguille ou *obélisque*, voy. *obélisque*.

Aile, s. f. ce mot se dit par métaphore d'un des côtés en retour d'angle, qui tient au corps d'un bâtiment.

Aire, s. f. surface, une superficie plane et horizontale.

Aire de chaux et de ciment. Massif d'environ un pied d'épaisseur, fait de chaux et de ciment mêlé avec du caillou. On dit aussi :

Aire de moellon.

Aire de plancher.

Ais, s. m. planche de chêne ou de sapin à l'usage de la menuiserie.

Aisance, s. f. lieu commun ou de commodité.

Aisselle, s. f. partie de la voûte d'un four, depuis sa base jusqu'à la moitié de sa hauteur.

Aisselier, s. f. pièce de bois qui fortifie l'assemblage de deux autres pièces, dont l'une est horizontale et l'autre verticale.

Alaise, s. m. c'est dans une porte collée et emboîtée, la planche la plus étroite qui achève de la remplir.

Alcove, s. f. partie d'une chambre à coucher où est placé le lit.

Alèges, s. m. pl. ce sont des pierres sous le pied-droit d'une croisée, qui jettent des harpes. (voy. *harpe*), pour faire liaison avec le parpain d'appui (voy. *parpain*.), lorsque l'appui est évidé dans l'embrasure.

Alette, s. f. c'est la face d'un pied-droit, depuis un pilastre ou une colonne jusques au tableau d'une arcade.

Alignement, s. m. c'est régler par des repères fixes le

devant d'un mur de face d'une rue d'un bâtiment, etc.

Aligner, v. act. c'est réduire plusieurs corps à une même saillie.

Allée, s. f. Passage commun pour aller depuis la porte du logis jusques à la cour ou à la montée. C'est aussi dans les maisons ordinaires un passage qui communique et dégage les chambres, et qu'on nomme aussi *corridor*.

Allège, s. m. petit mur d'appui élégi sous une croisée.

Amaigrir, voy. *démaigrir*

Amoise, s. f. terme de charpenterie. C'est une pièce de bois qui est interposée entre deux moises, pour entretenir l'assemblage d'une ferme de comble. Voy. encore *moise*.

Amont, terme d'architecture hydraulique ; se dit de tout ce qui est situé du côté d'où descend la rivière.

Amortissement, s. m. c'est le nom qu'on donne à tout corps d'architecture ou ornement de sculpture de pierre, de bois, de serrurerie, etc., qui s'élève en diminuant pour terminer quelque décoration.

Amphithéâtre, s. m. vaste enceinte de forme circulaire, garnie de gradins pour les fêtes publiques. | Partie du fond des salles de pectacles. | Classes de physique, anatomie, etc.

Amphyprostyle, s. m. prostyle qui a deux faces pareilles.

Ancone, s. m. centre des quartiers de la volute ionique.

Ancre, s. f. barre de fer en forme d'une S, d'un Y ou d'un T, qu'on fait passer dans l'œil d'un tirant (voy. *tirant*), pour empêcher les écartemens, la poussée des voûtes.

Andronitides, s. m. pl. salles réservées chez les anciens pour les festins des hommes.

Angar ou *hangar*, c'est un lieu couvert d'un demi comble, adossé contre un mur pour servir de remise.

Angle, s. m. les ouvriers appellent généralement ainsi

tous les triangles ou pièces d'encoignure qui servent dans les compartimens.

Anglet, s. m. petite cavité fouillée en angle droit.

Angulaire, adj. pierres, colonnes, etc., qui forment un angle.

Annelets, s. m. pl. ce sont de petits listels ou filets qui ornent un chapiteau.

Annulaire, adj. voûte qui porte sur deux murs circulaires concentriques.

Annusure, voy. *Ennusure*.

Anses de panier, s. f. pl. voûtes en — surbaissées.

Antes, s. m. pl. peut s'entendre dans tous les ordres des pilastres d'encoignure qu'on nomme aussi *pilastres corniers*.

Anti-cabinet, s. m. grande pièce d'un appartement entre le salon et le cabinet, appelée communément salle d'assemblée.

Antichambre, s. f. pièce d'un appartement destinée pour les domestiques.

Anticour, voy. *avant-cour*.

Antique, adj. épithète qu'on donne à un bâtiment qui a été élevé dans les beaux jours de la Grèce et de Rome.

Antisalle, s. f. grande salle qui en précède une autre pour les cérémonies.

Aplomb, s. m. ligne perpendiculaire au plan de l'horizon. Voy. *vertical*.

Apodyterium, s. m. lieu où l'on se déshabillait dans les bains des anciens.

Apophyse ou *apophyge*, voy. *congé*.

Appareil, s. m. c'est l'art de tracer les pierres, et de les bien placer et poser. Pierres de haut et de bas appareil, c'est-à-dire d'une plus grande ou d'une moindre hauteur.

Appareilleur ou *apareilleur*, s. m. c'est le nom du principal ouvrier chargé de l'appareil des pierres.

Appartement, s. m. suites de pièces nécessaires pour former une habitation complète.

Appentis, s. m. demi comble en manière d'auvent, qui n'a qu'un égoût.

Apport, s. m. lieu où l'on apporte des denrées pour les vendre. Il est synonyme de marché.

Appui, s. m. petit mur qui est élevé entre les deux pieds-droits d'une croisée, et à une hauteur convenable pour s'y appuyer. | Pièces de pierre ou de bois qui sont à hauteur d'appui le long des rampes des escaliers

Apsis ou *absis*, s. m. nom de la partie intérieure des anciennes églises, où le clergé était assis, et où l'autel était placé.

Aqueduc, s. m. canal en maçonnerie pour conduire l'eau d'un lieu en un autre.

Arabesques ou *moresques*, s. f. pl. rinceaux de feuillages imaginaires, dont on se sert dans les frises et panneaux d'ornemens.

Arasement, s. m. c'est la dernière assise d'un mur.

Araser, v. act. c'est conduire de même hauteur une assise de maçonnerie.

Arases, s. m. pl. matériaux placés dans des inégalités pour araser.

Arbalétriers, s. m. pl. terme de charpenterie. Pièces de bois qui portent en décharge sur l'entrait et s'assemblent sur un poinçon.

Arc, s. m. ou *arcade*, s. f. nom général qu'on donne à toute fermeture cintrée en voûte, de baie, de porte ou de croisée.

Arcboutant ou *arcbutant*, s. m. arc ou portion d'un arc rampant, qui butte contre les reins d'une voûte pour en empêcher la poussée et l'écartement, comme aux églises gothiques. | Terme de charpenterie, pièce de bois qu'on appelle aussi contre-fiche.

Arcbouter ou *contrebouter*, v. act. c'est contretenir la poussée d'un arc ou d'une platebande avec un pilier, un arcboutant, ou une étaye.

Arc de Cloître, voûte formée de quatre portions de cercle qui font l'effet opposé de la voûte d'arète.

Arc-doubleau, c'est un arc qui excède le nu de la douelle (voy. ce mot) d'une voûte.

Arc de Triomphe, s. m. grand portique, ou édifice détaché à l'entrée des villes, élevé à l'honneur du vainqueur à qui on a accordé le triomphe, ou en mémoire d'un évènement important.

Arceau, s. m. courbure du cintre parfait d'une voûte, d'une croisée, d'une porte ou d'un petit pont.

Arcenal ou *arcenac*, ou *arsenal*, s. m. grand bâtiment où on tient magasin d'armes et où on les fabrique.

Arche, s. f. l'espace qui est entre les piles d'un pont, et fermé par le haut d'une portion de cercle.

Architecte, s. m. artiste qui sait l'art de bâtir, qui donne le plan et les dessins d'un édifice, et qui en dirige la construction.

Architectonique, adj. qui a pour objet l'architecture.

Architecture, s. f. l'art de bâtir.

Architrave, s. m. c'est le nom de la principale poutre ou poitrail qui porte horizontalement sur des colonnes et qui fait la première partie de l'entablement.

Archivolte, s. m. bandeau orné de moulures qui règne

à la tête des voussoirs d'une arcade, et qui porte sur les impostes.

Archivolte rustique, on appelle ainsi un archivolte dont les moulures sont interrompues par une clef et des bossages simples et rustiques, en sorte que de deux voussoirs, l'un est en bossage. (Voy. *bossage*.)

Ardoise, s. f. pierre d'un bleu noirâtre qui se débite par feuillets, pour servir à la couverture des bâtimens.

Ardoise cartelète, c'est le nom de la plus petite ardoise, et qu'on taille quelquefois pour les dômes.

Arène, s. f. partie de l'amphithéâtre des Romains. C'était le champ du milieu, sablé, où combattaient les gladiateurs.

Arêner ou *s'arêner*, v. act. c'est s'affaisser extraordinairement. Un bâtiment s'arène par la trop grande charge.

Aréostyle ou *Aræostyle*, s. m. selon Vitruve, la plus grande distance qui peut être entre les colonnes, savoir : huit modules ou quatre diamètres.

Aréosystile ou *aræosystile*, c'est, selon Vitruve, une disposition de colonnes dont les espaces sont systiles et aréostyles.

Arète, s. f. c'est l'angle vif d'une pierre, d'une pièce de bois.

Arètier, s. m. pièce de bois délardée qui forme l'arète ou l'angle d'un comble en croupe ou en pavillon.

Arètières, s. f. pl. enduits de plâtre que les couvreurs mettent aux angles de la croupe d'un comble couvert de tuile ; on en met aussi de plomb, mais elles doivent être au moins d'une ligne d'épaisseur.

Armature, s. f. on entend par ce mot les barres et autres liens de fer qui servent à retenir un grand assemblage de charpente, et à fortifier une poutre éclatée.

Armes ou *armoiries*, s. m. pl. ornement de sculpture qu'on met aux endroits les plus apparens d'un édifice, pour désigner celui qui l'a fait bâtir.

Armilles, voy. *annelets*.

Arrachement, s. m. c'est une opération qui consiste à arracher des pierres et à en laisser alternativement, pour faire liaison avec un mur qu'on veut joindre à un autre.

On nomme aussi arrachemens les premières retombées d'une voûte enclavées dans le mur.

Arrêter, v. act. sceller en plâtre, en ciment, en plomb, etc.

Arrière-bec d'une pile, c'est la partie de la pile qui est sous le pont du côté d'aval (voy. *aval*).

Arrière-boutique, s. f. salle au fond de la boutique d'un marchand.

Arrière-corps, s. m. partie d'une façade renfoncée.

Arrière-cour, s. f. c'est une petite cour qui, dans un corps de bâtiment, sert à éclairer les moindres appartemens.

Arrière-voussure, c'est derrière le tableau d'une porte ou d'une croisée, une voûte qui sert pour en décharger la plate-bande.

Arsenal, voy. *arcenal*.

Aspect, s. m. c'est le point de vue d'un batiment.

Assemblage, terme de charpenterie et de menuiserie. C'est l'art d'assembler et de joindre plusieurs morceaux de bois ensemble.

Asseoir, v. act. c'est poser de niveau et à demeure les premières pierres des fondations, le carreau, le pavé.

Assise, s. f. c'est ainsi qu'on désigne en maçonnerie un rang de pierres posées.

Astragale, s. m. petite moulure ronde qui entoure le haut du fût d'une colonne.

Atelier, s. m. c'est en général le nom qu'on donne à un lieu où les artistes travaillent.

Atlantes, s. f. pl. on donne ce nom à des figures ou demi-figures humaines qui tiennent lieu de colonnes ou de pilastres, pour soutenir un entablement. (Voy. *cariatides*).

Atre, s. m. c'est le sol et le bas de la cheminée qui est entre les jambages, le contre-cœur et le foyer où l'on fait le feu.

Atrium, s. m. cours entourées de galeries couvertes ornées de colonnes, qui précédaient les maisons antiques.

Attachemens, s. m. pl. notes que prend l'architecte des dimensions des matériaux.

Attente, s. m. pierre qu'on laisse en saillie pour former liaison avec les murs qu'on voudrait y rattacher par la suite.

Atticurgue, s. m. porte dont les pieds-droits sont inclinés l'un vers l'autre.

Attique, s. m. étage peu élevé qui termine la partie supérieure d'une façade.

Attributs, s. m. pl. terme de décoration.

Aubier ou *aubour*, s. m. bois imparfait situé au-dessous de l'écorce, et très sujet à être piqué par les vers.

Auge, s. f. c'est une cuve de pierre qui se met dans une cuisine près du lavoir, et qui sert près d'une écurie pour abreuver les chevaux.

Les maçons appellent aussi auge une espèce de cuve de bois dans laquelle ils gâchent le plâtre.

Auget, s. m. c'est un plaquis de plâtre qui se fait le long des lambourdes dans un plancher.

Augmentations, s. m. pl. ouvrages faits au-delà de la convention du marché.

Autel, s. m. table d'une seule pierre quarrée, longue, sur laquelle on sacrifie à une divinité.

Auvent, s. m. c'est une avance faite de planches pour couvrir la montre d'une boutique.

Aval, adj. du côté où descend la rivière.

Avance, s. f. ce mot signifie ce qui est porté par encorbellement au-delà d'un mur de face.

Avant-bec, s. m. pointe d'une pile de pont en forme d'éperon, qui sert pour le soutenir et pour fendre l'eau.

Avant-corps, s. m. c'est, dans la décoration des édifices, une partie en saillie; au contraire, l'arrière-corps est la partie reculée qui sert de fond.

Avant-cour ou *anticour*, s. f. c'est une cour qui précède la principale cour d'une maison.

Avant-logis, s. m. c'était chez les anciens le corps de logis de devant.

Avant-scène, s. f. partie du théâtre où les acteurs viennent débiter leurs rôles.

Aviver, v. act. couper le bois à vive arète ou à angle vif.

Axe, s. m. c'est une ligne droite qui passe par le centre d'un corps rond et cylindrique, comme d'une boule, d'une colonne, etc.

Axe de la volute ionique, voy. *cathète*.

B

Badigeon, s. m. c'est un enduit jaunâtre dont on recouvre les bâtimens.

Badigeonner, v. act. c'est colorer avec du badigeon.

Bagne, s. m. Vaste prison pour les condamnés aux travaux forcés.

Baguette, s. f. petite moulure ronde moindre qu'une astragale.

Bahut, s. m. c'est le profil bombé du chaperon d'un mur.

Baie ou *baye*, s. f. ouverture pratiquée dans un mur pour faire une porte, une fenêtre, un passage de tuyau de cheminée, etc.

Baignoire, s. f. cuve qu'on met dans la salle des bains, pour s'y baigner.

Bain ou *bouin*, ind. on dit maçonner à bain de mortier, lorsqu'on pose les pierres en plein mortier.

Bains, s. m. pl. nom qu'on donne à un appartement destiné à se baigner.

Balcon, s. m. saillie au-delà du nu d'un mur portée sur des consoles ou sur des colonnes, et fermée par une balustrade de pierre ou de fer.

Baldaquin, s. m. on appelle ainsi un ornement d'autel, qui consiste en un dais porté sur des colonnes.

Balèvre, s. f. c'est ce qui passe d'une pierre plus qu'une autre près d'un joint.

Baliveaux, voy. *échasses*.

Balustrade, s. f. c'est la continuité d'une ou plusieurs travées de balustres de marbre, de pierres, de fer ou de bois.

Balustre, s. m. petite colonne qui sert à remplir un appui à jour sous une tablette.

Banc, s. m. c'est la hauteur des pierres parfaites dans les carrières.

Banc de ciel, nom qu'on donne au premier et au plus dur banc qu'on trouve en fouillant une carrière, et qu'on laisse sur des piliers pour servir de ciel à cette même carrière.

Banc d'église, c'est un siège à plusieurs places.

Bande, s. f. c'est en architecture le nom de tout membre plat en longueur sur peu de hauteur.

Bandeau, s. m. plate-bande unie qu'on pratique autour des croisées ou arcades.

Bandelette, s. f. petite moulure qui a ordinairement autant de saillie que de hauteur.

Bander un arc ou une *plate-bande*, v. act. c'est en assembler les voussoirs et claveaux sur les cintres de charpente et les fermer avec la clef.

Banquette, s. f. c'est un petit chemin relevé pour les gens de pied le long d'un quai ou d'un port.

Baptistère, s. m. lieu ou édifice dans lequel on conserve l'eau pour baptiser et où l'on baptise.

Baquet, s. m. vaisseau de bois pour transporter le mortier.

Bar, s. m. espèce de bramard avec lequel les ouvriers maçons portent des pierres de peu de grosseur.

Baraque ou *hutte*, s. f. petite maison construite de charpente.

Barbacane, s. f. c'est une ouverture étroite et longue en hauteur qu'on laisse aux murs qui soutiennent les terres, pour donner de l'air et écouler les eaux.

Bardeau, s. m. petit ais de merrain dont on se sert pour couvrir les bâtimens peu considérables.

Barder, v. act. c'est charger une pierre sur un chariot, sur un bar (voy. *bar*).

Bardeur, s. m. on nomme ainsi les ouvriers qui tirent les pierres sur un chariot.

Barre, s. f. c'est le nom général de toute pièce longue et mince, qui sert à entretenir les ais d'une cloison, et à d'autres usages.

Barre d'audience, enclos du parquet, fait d'une forte cloison de bois de chêne de trois à quatre pieds d'hauteur, où les avocats se rangent pour plaider les causes.

Barreau, voy. *barre*.

Barrière, s. f. petit pavillon où se tient un corps-de-garde de soldats pour maintenir la police dans la ville.

Bas côtés ou *ailes*, s. f. pl. on appelle ainsi les galeries basses d'une église.

Base, s. f. corps qui en porte un autre avec empattement, et particulièrement la partie inférieure de la colonne et du piédestal.

Basilique, s. f. c'était chez les anciens une grande salle avec portiques, ailes, tribunes ou tribunal où les rois rendaient eux-mêmes la justice.

Aujourd'hui on donne ce nom aux églises construites à l'instar des anciennes basiliques.

Bas-relief, s. m. ouvrage de sculpture qui a peu de saillie.

Basse-cour, s. f. c'est une cour séparée de la cour principale et qui sert pour les écuries.

Basse-cour de campagne, c'est la cour où l'on met les charrues, les bestiaux, les volailles.

Bassin, s. m. c'est dans un jardin un éspace creusé en terre, revêtu de pierres, de pavés ou de plomb, qui fait l'ornement d'un jardin ou qui sert à arroser.

Bastion, s. m. c'est le nom qu'on donne à un pavillon couvert en terrasse à l'encoignure d'un bâtiment.

Bâtarde, adj. porte qui ne sert que pour les hommes, qui serait trop étroite pour les voitures.

Bâti, s. m. assemblage de montans et de traverses, qui renferment un ou plusieurs panneaux.

Bâtiment, s. m. nom général qu'on donne à tous les lieux propres à la demeure des grands, des particuliers et à l'exercice de la religion, etc.

Bâtir, v. act. et n. édifier, construire un édifice.

Bâtisse, s. f. tout ce qui concerne la maçonnerie d'un bâtiment.

Bâton, s. m. voy. *tore*.

Battans, s. m. pl. venteaux des portes et des croisées.

Batte, s. f. morceau de bois fait en forme de massue d'Hercule, dont on se sert pour battre le plâtre.

Battellement, s. m. dernier rang des tuiles doubles, par où un toit s'égoutte dans un chéneau ou une gouttière.

Battement, s. m. tringle de bois ou barre de fer plat, qui cache l'endroit où les venteaux d'une porte se joignent.

Bavette, s. f. bande de plomb blanchi au devant d'un chéneau.

Bauge, s. m. mortier de terre franche et de paille ou de foin, corroyé comme celui de chaux et de sable.

Baye, *bée*, s. f. ou *jour*, on entend par ces trois mots, toutes sortes d'ouvertures percées dans les murs.

Bazar, s. m. nom qu'on donne aux marchés dans l'Orient.

Bec, s. m. c'est le petit filet qu'on laisse au bord d'un larmier qui forme un canal.

Bec de corbin, s. m. moulure qui ne diffère du quart de rond, que par sa situation naturelle qui est renversée.

Bèchevet, s. m. terme de charpenterie. C'est mettre une pièce de bois bout pour bout, et une autre dans un sens contraire, afin que les deux ensemble puissent donner une largeur égale à chaque bout.

Beffroi, s. m. espèce de donjon pour découvrir de loin, et où est suspendue une cloche pour sonner le tocsin.

Belvéder ou mieux *belvédère*, s. m. mot italien, qui signifie belle-vue. Donjon ou pavillon élevé au-dessus d'un édifice. On donne aussi le nom de belvédère à un petit bâtiment situé à l'extrémité d'un jardin ou d'un parc.

Bénitier, s. m. c'est un vase rond, isolé, dans lequel on met de l'eau bénite.

Berceau, s. m. c'est une voûte en plein cintre.

Bergerie, s. f. c'est une étable ou parc où l'on tient les moutons dans une métairie.

Berges, s. f. pl. bords ou levées des rivières et des grands chemins.

Berme, s. f. chemin qu'on laisse entre une levée et le bord d'un canal.

Beton, s. m. sorte de mortier qu'on jette dans les fondemens et qui se durcit extrêmement.

Beuveau ou *buveau*, s. m. espèce d'équerre mobile, dont un bras est bombé suivant la douelle d'un arc ou d'une voûte et l'autre droit selon le joint de la coupe.

Biais, adj. ce qui est de côté, oblique.

Bibliothèque, s. f. lieu en forme de grand cabinet ou de galerie, où des livres sont rangés sur des tablettes.

Bicoq, s. m. pièce de bois qu'on ajoute aux deux dont une chèvre est composée.

Bilboquet, s. m. nom qu'on donne à tout petit quarré de pierre, qui ayant été scié d'un plus gros, reste dans le chantier.

Billot, s. m. appui qu'on met sous les leviers, lorsqu'on veut lever ou mouvoir quelque grosse pièce de bois.

Binard, s. m. chariot fort à quatre roues, qui sert pour porter de grosses pierres.

Biscuits, s. m. pl. ce sont des cailloux dans les pierres à chaux, qui restent dans le bassin après qu'elle est détrempée.

Biseau, s. m. extrémité taillée en talus.

Bitume, s. f. terre grasse qui tient de la nature du souffre, et qui sert de mortier aux environs de Bagdad, en Syrie.

Blanc et *bleu*, terme de décoration, voy. *couleurs*.

Blanchir, v. act. c'est en maçonnerie faire une ou plusieurs couches de blanc sur un mur sale.

Blanchir, terme de menuiserie, c'est raboter le fil des planches, avec la varlope, pour en ôter les traits de scie.

Bloc, s. m. c'est un gros quartier de pierre ou de marbre, qui n'a point été taillé.

Blocages, s. m. pl. ce sont de menues pierres ou petits moellons qu'on jette à bain de mortier, pour garnir le dedans des murs.

Blochets, s. m. pl. petites pièces de bois qui portent des chevrons, et qui sont entaillées sur les plates-formes.

Bloquer, v. act. c'est dans la construction, lever les murs de moellons d'une grande épaisseur sans les aligner au cordeau.

Bois, s. m. matière tirée du corps des arbres, qui sert à divers usages dans les bâtimens.

Boiser, v. act. couvrir les murs d'une chambre ou d'un appartement, d'ouvrages assemblés, moulés, sculptés.

Boiserie, s. f. ouvrage de menuiserie.

Boisseau de poterie, s. m. c'est un corps rond et creux de terre cuite, qui, étant emboîté avec d'autres, forme la chausse d'une aisance.

Boîtes, s. f. pl. ce sont des ais ou planches qui servent pour couvrir et revêtir des pièces de bois, soit poutres ou solives.

Bombé ou *courbé*, surface convexe.

Bombement, s. m. c'est la convexité, ou renflement d'une solive, d'un arc.

Bomber, v. act. c'est faire un trait plus ou moins renflé.

Bordure, s. f. c'est un profil en relief, qui renferme quelque tableau, ou panneau de compartiment.

Borne, s. f. pierre qui sert de terme et de limite à un héritage.

Borne de bâtiment, espèce de cône de pierre dure, à

hauteur d'appui, placé à l'encoignure ou au devant d'un mur de face pour le défendre contre les voitures.

Bornoyer, v. act. tracer une ligne droite sur le terrain, au moyen de jalons.

Bosel, voy. *tore*.

Bossage, s. m. assise de pierre en saillie sur le nu du mur.

Bosse, s. f. c'est dans le parement d'une pierre un petit bossage que l'ouvrier y laisse, pour marquer que la taille n'en est pas toisée.

Bouche, s. f. ouverture ou entrée d'une carrière, d'un puits, d'un tuyau.

Boucherie, s. f. bâtiment public, contenant plusieurs étaux, où l'on expose les grosses viandes, pour être vendues en détail.

Boucle, s. f. gros anneau de fer ou de bronze, qui sert à heurter à une porte cochère.

Boucler, v. act. se dit d'un mur dont les paremens s'écartent faute de liaison.

Bouclier, s. f. ornement qui sert pour les frises, les trophées.

Boudin, voy. *tore*.

Boudoir, s. m. petit cabinet de retraite qui fait partie de l'appartement d'une femme.

Bouge, s. m. petit cabinet placé ordinairement à côté d'une cheminée.

Petite garde-robe où il n'y a place que pour un lit. | Terme de charpenterie, désigne une pièce de bois qui courbe en quelque endroit.

Boulangerie, s. f. lieu où l'on fait le pain.

Boule d'amortissement, s. f. c'est tout corps sphérique

qui termine quelque décoration, comme on en met à la pointe d'un clocher.

Boulin, s. m. petit trou au logette qu'on dispose autour d'un colombier.

Boulins, s. m. pl. pièces de bois qu'on scelle dans les murs, ou qu'on serre dans les bayes avec des étrésillons, pour échafauder. On appelle trous de boulins les trous qui restent des échafaudages.

Boulon, s. m. grosse cheville de fer, avec une tête ronde ou quarrée par un bout, et une clavette ou vis à l'autre bout.

Boulonner, v. act. c'est arrêter un boulon.

Bourique, s. f. petite machine qui sert aux couvreurs.

Bouriquet, s. m. espèce de civière servant aux maçons à élever les moellons et autres matières dans les baquets.

Bourse, s. f. vaste édifice où se rassemblent les commerçans.

Bourseau, s. m. moulure ronde qui règne dans les grands bâtimens, au haut des toits couverts d'ardoises.

Bousillage, s. m. mélange de chaume et de terre détrempée, dont on se sert pour bâtir notamment les murs de clôture.

Bousin, s. m. c'est le dessus des pierres qui sortent de la carrière, et qui est une espèce de croûte de terre non pétrifiée. On doit l'abattre entièrement.

Boutée, voy. *buter*.

Boutique, s. f. salle ouverte au rez-de-chaussée sur la rue, qui sert pour les marchands et les artisans.

Boutisse, s. f. c'est une pierre dont la plus grande longueur est dans le corps du mur.

Bouton, s. f. pièce ronde de menus ouvrages de fer, qui sert à tirer à soi un ventail de porte.

Bozel, s. m. moulure ronde.

Brandi, voy. *chevrons*.

Brasse, s. f. mesure imitée de la longueur du bras, dont se servent les architectes en quelques villes d'Italie.

Brasserie, s. f. grand bâtiment où l'on fait la bière et le cidre.

Brayers, voy. *cables*.

Brèche, s. f. ouverture provenue à un mur par violence, malfaçon ou caducité.

Breteler, v. act. c'est dresser le parement d'une pierre avec un outil à dents.

Brins de fougère, s. m. pl. pan de bois assemblé diagonalement.

Brique, s. f. sorte de pierre factice, de couleur rougeâtre, composée de terre et cuite au four.

Briqueter, v. act. c'est contrefaire la brique sur le plâtre, avec une impression d'ocre rouge.

Briqueterie, voy. *tuilerie*.

Brise-cou, s. m. terme vulgaire pour exprimer un défaut dans un escalier.

Brisis, s. m. c'est l'angle que forme un comble brisé.

Bronze, s. m. métal formé d'un alliage, dont on fond des figures, des bas reliefs et des ornemens.

Brut, adj. nom général qu'on donne à tout ce qui n'est point dégrossi.

Buanderie, s. f. salle avec un fourneau et des cuviers pour faire la lessive. Grand bâtiment pour laver le linge.

Bûcher, s. m. lieu où l'on enferme le bois.

Buffet ou *bufet*, s. m. c'est dans un vestibule ou salle à manger, une grande table où l'on dresse les vases, les bassins, les cristaux.

Bureau, s. m. chambre où l'on règle des comptes et où l'on fait des paiemens.

Buste, s. m. partie supérieure d'une figure sans bras, depuis la poitrine, posée sur un piédouche.

Buter, v. act. c'est par le moyen d'un arc ou pilier butant, contenir ou empêcher la poussée d'un mur, ou l'écartement d'une voûte.

C

Cabane, s. f. petite maison bâtie et couverte de chaume.

Cabinet, s. m. petite pièce d'un appartement, consacrée à l'étude.

Cables, s. m. nom général qu'on donne à tous les cordages, dont on se sert pour enlever et traîner des fardeaux.

Cachot, s. f. lieu souterrain où l'on enferme les malfaiteurs. (Voy. *prison*.)

Cadran, s. m. c'est la décoration extérieure d'une horloge.

Cadre, s. m. c'est la bordure d'un tableau, d'un bas relief.

Cadre de charpente, assemblage quarré de quatre grosses pièces de bois.

Cadre de maçonnerie, espèce de bordure de pierre ou de plâtre.

Cage, s. f. enceinte formée par des murs pour recevoir un escalier, un bâtiment, etc.

Caillou, s. m. petite pierre dure qu'on emploie avec le ciment, pour paver les acqueducs, grottes et fontaines.

Caisse, s. f. intervalle des modillons du plafond de la corniche corinthienne, qui renferme une rose.

Caisson, s. m. ornement des soffites.

Cale, s. f. petit morceau de bois pour mettre un corps quelconque de niveau.

Caler, v. act. action de mettre une cale.

Calibre, s. m. profil de bois, de tôle ou de cuivre, chantourné intérieurement, pour tracer les corniches et cadres de plâtre ou de stuc.

Calotte de voûte, s. f. renfoncement de plafond rond ou circulaire.

Calquer, v. act. copier un dessin trait pour trait.

Calvaire, s. m. chapelle de dévotion élevée sur un tertre en mémoire du lieu où Jésus-Christ fut crucifié.

Camayeu, s. m. peinture d'une seule couleur, où les jours et les ombres sont observés sur un fond d'or ou d'azur.

Cambre ou *cambrure*, s. m. courbure d'une pièce de bois ou du cintre d'une voûte.

Cambrer, v. act. courber les membrures, planches et autres pièces de bois de menuiserie.

Camion, s. m. espèce de chariot à quatre roues, attelé de quatre chevaux, qui sert à porter des pierres.

Campane, s. f. corps des chapiteaux corinthiens et composites, ainsi nommé parce qu'il ressemble à une cloche renversée.

Campanes, voy. *gouttes*.

Campanille, s. f. petit clocher à jour en manière de lanterne.

Canal, s. m. lieu creusé pour recevoir les eaux.

Canal de larmier, c'est le plafond creusé d'une corniche, qui fait la mouchette pendante.

Canal de volute, c'est dans la volute ionique, la face des circonvolutions renfermée par un listel.

Canaux, s. m. pl. espèce de cannelures sur une face ou un larmier.

On entend encore par canaux, les cavités droites ou torses, dont on orne les tigettes des caulicoles d'un chapiteau.

Candelabre, s. m. grand chandelier de forme antique. Décoration en forme de balustre.

Caniveaux, s. m. pl. gros pavés qui traversent le milieu du ruisseau d'une rue.

Canne, s. f. mesure romaine, composée de dix palmes, qui font six pieds onze pouces de roi.

Canneler, v. act. creuser des cannelures aux fût des colonnes, pilastres.

Cannelures, s. f. pl. cavités aplomb, arrondies par les deux bouts, pratiquées sur le fût d'une colonne.

Canonnière, voy. *barbacane*.

Canons de gouttière ou *godets*, s. m. pl. bouts de tuyaux de cuivre ou de plomb, qui servent à jeter les eaux de pluie au delà d'une cimaise.

Cantalabre, s. m. ce mot n'est usité que parmi les ouvriers, il signifie le chambranle ou bordure simple d'une porte ou d'une croisée.

Cantonné, adj. on dit qu'un bâtiment est cantonné, quand son encoignure est ornée d'une colonne ou d'un pilastre angulaire.

Capitole, s. m. bâtiment fameux sur le mont Capitolin à Rome, où s'assemblait le sénat.

Caprice, s. m. on appelle ainsi toute composition hors des règles ordinaires de l'architecture.

Caravansérail, s. m. grand bâtiment où se reposent les caravanes dans tout le Levant.

Carcasse, s. f. bâti d'une feuille de parquet.

Garderonner, voy. *quarderonner*.

Cariatides, s. f. pl. ce sont des figures de femmes sans bras, vêtues décemment, qui servent à la place des colonnes pour porter les entablemens.

Carreau, s. m. pierre qui a plus de largeur en parement que de queue dans le mur, et qui est posée alternativement avec la boutisse pour faire liaison.

Carreau, terme de menuiserie, c'est un petit ais carré de bois de chêne, dont on se sert pour remplir la carcasse d'une feuille de parquet.

Carreau de plancher, s. m. terre moulée et cuite de différente grandeur et épaisseur, dont on se sert pour couvrir le sol d'une salle, terrasse ou d'un plancher.

Carrefour, s. m. c'est dans une ville l'endroit où deux rues se croisent et où plusieurs aboutissent.

Carrelage, s. m. nom général qu'on donne à tout ouvrage fait de carreau de terre cuite, de pierre ou de marbre.

Carreler, v. act. c'est paver de carreau avec du plâtre mêlé de poussière, de recoupes de pierres.

Carreleur, s. m. nom qu'on donne à l'ouvrier qui entreprend le carrelage.

Carrière, s. f. lieu creusé sous terre, d'où l'on tire la pierre pour bâtir.

Carriers, s. m. pl. marchands de pierre et ouvriers qui la coupent et la tirent de la carrière.

Carton, s. m. contour chantourné sur une feuille de carton ou de fer-blanc, pour tracer les profils des corniches et pour lever les panneaux de dessus l'épure.

Cartouche, s. m. ornement de sculpture, de pierre, de marbre, de bois ou de plâtre.

Cascade, s. f. chute d'eau naturelle, comme celles de Tivoli, Terni, etc.; ou artificielle, par goulettes ou nappes, comme celles de Versailles.

Casernes, s. f. pl. bâtimens pour les officiers et les soldats, et qui environnent presque toujours la place d'armes.

Cassolette, s. f. espèce de vase de sculpture avec des flammes ou de la fumée.

Catacombes, s. f. pl. ce sont à Rome et à Paris des cimetières souterrains en manière de grottes.

Catafalque, s. m. décoration d'architecture, peinture et sculpture, pour l'appareil d'une pompe funèbre dans une église.

Cathédrale, s. f. église épiscopale où l'on réserve un trône pour le prélat.

Cathète, s. f. ligne qu'on suppose traverser aplomb le milieu d'un corps cylindrique, d'une colonne ou d'un balustre, qu'on nomme autrement *axe*.

Cathète est aussi, dans le chapiteau ionique, une ligne perpendiculaire qui passe par le milieu de l'œil de la volute.

Cave, s. f. lieu voûté dans l'étage souterrain, qui sert à mettre du bois, du vin, de l'huile.

Caveau, s. m. petite cave dans l'étage souterrain.

Caveau d'église, c'est la sépulture d'une famille dans une église.

Caver, v. act. évider un morceau de verre de couleur pour y enchâsser d'autres morceaux de verre de diverses couleurs avec du plomb.

Cavet, s. m. moulure ronde en creux qui fait l'effet contraire du quart de rond.

Caulicoles, s. f. pl. ce sont de petites tiges qui semblent soutenir les huit volutes du chapiteau corinthien.

Ceinture, s. f. c'est l'orle ou l'anneau du haut ou du bas d'une colonne.

Ceinture de muraille, c'est une enceinte ou circuit de muraille qui renferme un espace de terrain.

Cellier, s. m. lieu voûté dans l'étage souterrain, pour serrer la provision du vin.

Cellule, s. f. une des chambres qui composent le dortoir, dans les couvens.

Cénacle, s. m. c'était chez les anciens une salle à manger.

Cénotaphe, s. m. tombeau vide élevé à la mémoire de quelqu'un dont on n'a pas le corps.

Cerce, voy. *cherche*.

Cercle de fer, s. m. c'est un lien de fer circulaire qu'on met au bout d'une pièce de bois pour empêcher qu'elle ne s'éclate.

Chaîne de pierre, s. f. c'est, dans la construction des murs de moellon, une jambe de pierre élevée aplomb pour les entretenir.

Chaîne d'architecte, mesure faite de plusieurs fils de leiton ou de fer, d'une certaine longueur, dont on se sert pour mesurer.

Chaîne de bronze (ou de fer), espèce de barrière faite de plusieurs chaînes attachées à des bornes espacées également.

Chaire de prédicateur, s. f. siége élevé, avec devanture et dossier, pour prêcher.

Chaise, s. f. assemblage de charpenterie de quatre fortes pièces de bois, sur lequel est posée en assise la cage d'un clocher ou celle d'un moulin à vent.

Chalcidique ou *calcidique*, s. f. grande et magnifique salle qu'on ajoutait anciennement aux palais.

Chambranle, s. m. bordure avec moulure autour d'une porte ou d'une cheminée.

Chambre, s. f. c'est la principale pièce d'un appartement et la plus nécessaire de l'habitation.

Champ, s. m. c'est l'espace qui reste autour d'un cadre, ou le fond d'un ornement et d'un compartiment.

Champ, *poser de champ*, c'est placer une brique, une pierre, une pièce de bois sur la face la plus étroite.

Champ signifiait chez les Romains une place publique, comme étaient à Rome le Champ de Mars, le Champ de Flore.

Champignon, s. m. espèce de coupe renversée, taillée en écailles par dessus, qui sert aux fontaines jaillissantes à faire bouillonner l'eau d'un jet ou d'une gerbe.

Chancellerie, s. f. c'est l'hôtel ou loge le chancelier.

Chanfrein, s. m. c'est le pan qui se fait par l'arète rabattue d'une pierre ou d'une pièce de bois, et qu'on nomme communément biseau; chanfreiner, c'est rabattre cette arète.

Change, s. m. édifice public ou des marchands et des banquiers s'assemblent à certains jours pour le commerce d'argent.

Chanlate, s. f. petite pièce de bois, comme une forte latte de sciage, qui sert à soutenir les tuiles de l'égoût d'un comble.

Chantepleure, s. f. espèce de barbacane ou ventouse qu'on fait aux murs de clôture.

Chantier, s. m. magasin de bois en pile; lieu de déchargement du bois, des pierres, et où on les travaille.

Chantignole, s. f. petit corbeau de bois, entaillé et chevillé sur une ferme pour porter un cours de pannes.

Chantourner, v. act. c'est couper une pièce de bois, de fer ou de plomb, suivant un profil ou dessin.

Chape, s. f. enduit sur l'extrados d'une voûte.

Chapeau, s. m. c'est la dernière pièce qui termine un pan de bois.

Chapeau d'étai, pièce de bois qu'on met au haut d'un étai ou d'une potence.

Chapelet, s. m. baguette taillée de petits grains ronds.

Chapelle, s. f. partie d'une église où est un autel destiné pour quelque dévotion particulière.

Chaperon, s. m. c'est la couverture d'un mur qui a deux égoûts ou larmiers.

On appelle chaperon en bahut celui dont le contour est bombé.

Chaperonner, v. act. c'est faire un chaperon.

Chapiteau, s. m. c'est la partie supérieure de la colonne qui porte immédiatement sur le fût.

Chapitre, s. m. grande salle avec des bancs, où s'assemblent les chanoines, les religieux.

Chardons, s. m. pl. pointes de fer en manière de dards, qu'on met sur le haut d'une grille ou sur le chaperon d'un mur.

Charge de plancher, s. f. c'est la maçonnerie de certaine épaisseur qu'on met sur les solives et ais d'entrevoux, ou sur le hourdis d'un plancher, pour recevoir l'aire de plâtre ou de carreau.

Charnier, s. m. c'est un portique voûté en manière de cloître, qui renferme un cimetière.

Charpente, s. f. c'est l'assemblage de bois qui soutient la couverture d'un édifice, l'ensemble de tous les gros ouvrages en bois d'un édifice.

Charpenter, v. act. c'est tailler un bois de charpente pour le mettre en état d'être assemblé.

Charpenterie, s. f. c'est l'art de tailler et d'assembler de grosses pièces de bois pour bâtir des maisons et les couvrir.

Charpentier, s. m. nom qu'on donne au maître qui entreprend et conduit les ouvrages de charpenterie et aux ouvriers qui travaillent sous lui.

Chartreuse, s. f. couvent de Chartreux. | Petite maison isolée dans la campagne et n'ayant qu'un rez-de-chaussée.

Châsse, s. f. coffre en manière de tombeau pour renfermer les reliques d'un saint.

Chasser, v. act. c'est pousser en frappant.

Châssis, s. m. partie mobile de la croisée qui porte le verre.

Châtaignier, s. m. c'est l'arbre dont on tire la plus belle charpente.

Château, s. m. forteresse avec tours et créneaux. | Grande et belle maison d'un seigneur dans un bourg ou village.

Château d'eau, bâtiment où sont placés des réservoirs d'eau.

Chauffoir, s. m. salle avec une cheminée ou un poêle, pour se chauffer en commun.

Chaufour, s. m. c'est autant le lieu où l'on tient le bois et la pierre à chaux que le four où on la cuit et le magasin couvert où on la conserve.

On nomme *chaufourniers* les ouvriers qui font la chaux et les marchands qui la vendent.

Chaumière, s. f. petite maison couverte de chaume.

Chausse d'aisance, s. f. c'est le tuyau de descente de plomb ou de pierre des latrines.

Chaussée, c'est une élévation de terre qui sert de chemin à travers un marais, ou de digues aux eaux courantes pour en empêcher le débordement.

Chaussée de pavé, c'est, dans une large rue, l'espace cambré qui est entre deux revers.

Chaux, s. f. pierre calcinée ou cuite dans un four, qui se détrempe avec de l'eau et du sable pour faire le mortier.

Chaux éteinte ou *fusée*, on appelle ainsi la chaux détrempée, qu'on conserve dans la fosse.

Chaux vive, qui n'a pas été éteinte.

Chef-d'œuvre, s. m. ouvrage excellent en lui-même ou relativement aux autres ouvrages d'un artiste.

Chemin, s. m. espace en longueur sur une certaine largeur, qui sert de passage pour aller d'un lieu à un autre.

Cheminée, s. f. lieu où l'on fait le feu dans la maison.

Chemise, s. f. crépi ou revêtement d'un pan de bois, d'un tuyau, etc.

Chenal, s. m. tuyau de descente pour conduire les eaux d'un toit dans la rue.

Chéneau, s. m. canal de plomb, pour recevoir les eaux du comble et les conduire par sa pente dans un tuyau de descente ou dans une gouttière.

Chenil, s. m. bâtiment destiné à loger les officiers de la vénerie, les valets et leurs meutes de chiens de chasse.

Cherche, *cerche* ou *cerce*, s. f. trait d'un arc surbaissé. | Développement d'une circonférence. | Courbe décrite par plusieurs tours de compas. | Planche chantournée pour modèle.

Chérubin, s. m. tête d'enfant avec des ailes, qui sert le plus souvent d'ornement aux clefs des arcs, dans les églises.

Chevalement, s. m. espèce d'étaie, qui sert à retenir en l'air les encoignures, trumeaux, jambages, pour faire des reprises en sous-œuvre.

Chevalet, s. m. assemblage de deux noulets ou linçoirs, sous le faîte d'une lucarne.

Chevet d'église, s. m. partie qui termine le chœur d'une église.

Chevêtre, s. m. pièce de bois d'un plancher, retenue par les solives d'enchevêtrure, pour en porter d'autres à tenon et à mortaise, et laisser une ouverture pour l'âtre et les tuyaux de cheminée, ou pour quelque petit escalier.

Cheville, s. f. c'est un morceau de bois ou de fer qui sert à retenir quelques assemblages de charpente.

Chèvre, s. f. machine qui sert à élever les fardeaux à-plomb.

Chevrons, s. m. pl. pièces de bois de sciage sur lesquelles sont attachées les lattes à tuile ou ardoises, dont on se sert pour les couvertures.

Chiffre, s. m. entrelacement de lettres.

Chimère, s. f. monstre fabuleux, il sert dans l'architecture gothique, de gargouilles et de corbeaux, (voy. *gargouilles* et *corbeaux*.)

Chœur, s. m. partie de l'église séparée de la nef et où l'on chante l'office divin.

Ciboire, s. m. petit dais ou baldaquin porté sur quatre colonnes, et formé d'une voûte d'ogive à quatre lunettes, dont on couvrait autrefois les autels.

Ciel de carrière, s. m. c'est le premier banc qui se trouve au-dessous des terres en fouillant les carrières.

Cimaise ou *cymaise*, s. f. moulure ondée par son profil, qui est concave par le haut et convexe par le bas.

Ciment, s. m. mortier fait avec de la chaux et de la tuile réduite en poudre.

Cimenter, v. act. c'est lier avec du ciment, enduire avec du ciment.

Cimetière, s. m. c'est une place entourée de murs, dans laquelle on enterre les morts.

Cintre, s. m. c'est la figure d'un arc et de toute pièce de bois courbe qui sert tant aux combles qu'aux planchers.

Cintre de charpente, assemblage de pièces de bois de charpente qui servent à construire une voûte.

Cintrer, v. act. c'est établir des cintres de charpente. On dit aussi cintrer pour arrondir plus ou moins un arc ou une voûte.

Cippe, s. m. colonne ou pilier tronqué, dont la partie supérieure est terminée en demi-cercle et qui sert le plus ordinairement à l'ornement des tombeaux.

Circonvolutions, s. f. pl. ce sont les tours de la ligne spirale de la volute ionique et de la colonne torse.

Circuit, s. m. ou *enceinte*, s. f. c'est le nom qu'on donne à une muraille qui environne un espace qui forme un clos.

Cirque, s. m. c'était chez les Grecs un lieu destiné aux jeux publics, tels que courses de chevaux, de chars, etc.

Ciselure, s. f. c'est le petit bord qu'on fait avec le ciseau à l'entour du parement d'une pierre dure, pour la dresser.

Citerne, s. f. lieu souterrain et voûté, destiné à recevoir et à conserver les eaux de pluie.

Claire-voie, s. f. ouvrage de charpente dont les pièces laissent des jours en treilles.

Classes, s. f. pl. salles garnies de bancs et de sièges où l'on donne des leçons.

Claveau, s. m. c'est une des pierres en forme de coin, qui sert à fermer une plate-bande.

Clausoir, s. m. la dernière pierre que l'on pose dans une voûte pour remplir le dernier espace qui y restait vide.

Clayonnage, s. m. ouvrage fait de pieux et de branchages entrelacés.

Clef, s. f. c'est la pierre du milieu qui ferme un arc, une plate-bande ou une voûte.

Clef de poutre, c'est une courte barre de fer, dont on

arme chaque bout d'une poutre, et qu'on scelle dans les murs où elle porte.

Clef en charpenterie, pièce de bois qui est arcboutée par deux décharges pour fortifier une poutre.

Clef de serrure, pièce de menus ouvrages de fer, qui sert à fermer et à ouvrir une porte.

Cloaque, s. m. égoût ou espèce d'aqueduc, dans lequel s'écoulent les immondices d'une ville ou d'une maison.

Clocher, s. m. bâtiment élevé, faisant partie d'une église et où l'on suspend les cloches.

Clochettes, voy. *gouttes*.

Cloison, s. f. ouvrage léger de maçonnerie ou de charpente pour séparer les pièces d'un appartement.

Cloisonnage, voy. *pan de bois*.

Cloître, s. m. c'est dans un couvent un portique qui environne un jardin ou un cimetière.

Cloture ou *enclos*, s. f. mur ou grille qui environne un espace en général.

Clou, s. m. morceau de métal pointu et à tête pour fixer, etc.

Coches, voy. *hoches*.

Coffre d'autel, s. m. c'est dans un retable de menuiserie, la table d'un autel avec l'armoire qui est au-dessus.

Coin, s. m. outil de fer en angle, pour fendre.

Colarin, voy. *ceinture* et *gorgerin*.

Colisée, s. m. amphithéâtre ovale, qui a été bâti à Rome par Vespasien.

Collége, s. m. grand bâtiment où l'on enseigne les belles-lettres et les sciences.

Collet de marche, s. m. c'est la partie la plus étroite par laquelle une marche tournante tient au noyau d'un escalier.

Collier, s. m. cercle de fer ou de bronze, qui entoure un corps quelconque.

Colombage, voy. *pan de bois*.

Colombe, s. f. vieux terme, qui signifie toute solive posée de bout dans les cloisons.

Colombier, s. m. espèce de pavillon où on élève des pigeons.

Colonnade, s. f. suite de plusieurs colonnes.

Colonnade poliptyle, c'est une colonnade dont le nombre des colonnes est si grand, qu'on ne les peut compter d'un seul aspect.

Colonne, s. f. espèce de pilier de figure ronde, composé d'une base, d'un fût et d'un chapiteau, et servant à porter l'entablement.

Colosse, s. m. on désigne ainsi un bâtiment d'une grandeur extraordinaire, comme les anciens amphithéâtres, les pyramides d'Égypte, etc. On appelle aussi un colosse, une figure d'une grandeur extraordinaire.

Comble, s. m. charpenterie en pente, et garniture d'ardoise ou de tuile qui couvre une maison.

Commun, s. m. corps de bâtiment avec des cuisines et offices, où l'on apprête les viandes pour les tables des domestiques d'une grande maison.

Compartiment, s. m. c'est la disposition de figures régulières, pour les lambris, les plafonds de plâtre, les pavemens de pierre dure, de marbre, de mosaïque.

Compas, s. m. instrument composé de deux branches, et qui sert à prendre, à donner des mesures et à tracer des cercles.

Composite, adj. c'est un ordre d'architecture composé de l'ionique et du corinthien.

Conducteur, s. m. barre de fer ou corde en fil métallique

qui communique de la tige du paratonnerre dans un puits où dans la terre.

Conduit, s. m. canal artificiel par où coulent les eaux.

Conduite, s. f. suite de tuyaux formant un conduit.

Confessionnal, s. m. ouvrage de menuiserie pour la confession auriculaire.

Congé, s. m. ou *naissance*, c'est un adoucissement en portion de cercle, comme celui qui joint le fût à la ceinture de la colonne. On le nomme aussi *apophyge* et *scape*.

Congélations, s. f. espèce d'ornement en usage dans l'architecture rustique, et imité des effets de l'eau lorsqu'elle se gèle le long d'un mur.

Console, s. f. c'est un ornement en saillie, qui sert à soutenir des corniches, de petites figures, des vases.

Construction, s. f. c'est l'art de bâtir par rapport à la matière.

Contour, s. m. c'est la ligne qui marque l'extrémité et la forme d'un corps.

Contourner, v. act. c'est donner de la grace à ce qu'on dessine à la main.

Contracture, voy. *diminution*.

Contraster, v. act. c'est éviter la répétition de choses pareilles, et faire des oppositions de formes d'ornemens, etc.

Contre-bas et *contre-haut*, terme dont on se sert dans l'art de bâtir, pour exprimer du haut en bas et du bas en haut.

Contre-bouter, voy. *arcbouter*.

Contre-cœur, s. m. c'est le fond d'une cheminée entre les jambages et le foyer.

Contre-fiches, s. f. pl. pièces de cinq à six pouces dans une ferme, assemblées avec le poinçon.

Contre-forts ou *éperons*, s. m. pl. espèce de piliers quarrés ou triangulaires, construits contre un mur de quai, de terrasse ou autre.

Contre-haut, voy. *contre-bas*.

Contre-latte, s. f. tringle de bois mince et large, qu'on attache en hauteur contre les lattes entre les chevrons d'un comble.

Contre-latter, v. act. c'est latter une cloison ou un pan de bois devant et derrière, pour le recouvrir de plâtre.

Contre-mur, s. m. petit mur qu'on fait contre un autre mur pour le fortifier.

Contre-murer, v. act. c'est faire un contre-mur.

Contre-pilastre, s. m. c'est un pilastre qui est à l'opposite d'un autre.

Contre-venter, v. act. c'est mettre des pièces de bois obliquement pour empêcher le mouvement qui peut être causé par la violence des vents.

Contrevents de croisée, s. m. pl. grands volets pour garantir les vîtres des vents et de la grêle et pour les fermer pour plus grande sûreté, on les nomme aussi *paravents*.

Convenance, s. f. c'est l'accord qu'on doit observer dans toutes les espèces d'édifices, leur grandeur, leur forme, leur richesse, leur simplicité.

Coquille, s. f. c'est un ornement de sculpture, imité des conques marines et qui se met au cul de four d'une niche.

Coquille d'escalier, dessous de l'assemblage des marches d'un escalier.

Corbeau, s. m. grosse console qui a plus de saillie que de hauteur, comme la dernière pierre qui sert à soulager la portée d'une poutre

Corbeau de fer, morceau de fer carré qui sert à porter les sablières d'un plancher.

Cordages, voy. *cables*.

Cordeau, s. m. grosse ficelle ou petite corde dont on se sert pour tracer des figures sur le terrain, la pierre et le bois.

Cordelière, s. f. petit ornement taillé en manière de corde sur les baguettes.

Corderie, s. f. c'est dans un arsenal de marine, un grand bâtiment où l'on fait les cordes et les cables pour les vaisseaux.

Cordon, s. m. grosse moulure ronde.

Corinthien, le quatrième ordre d'architecture et le plus riche.

Corne d'abaque, s. f. c'est le nom qu'on donne aux encoignures à pans coupés du tailloir d'un chapiteau.

Corne d'abondance, ornement de sculpture.

Corne de bélier, ornement qui sert de volute dans un chapiteau ionique composé.

Corne de bœuf ou de *vache*, trait de maçonnerie qui est un demi biais passé.

Corniche, s. f. c'est le troisième membre de l'entablement qui est différent selon les ordres.

Corniere, voy. *noue*.

Corps, s. m. c'est tout membre d'architecture, qui par sa saillie excède le nu du mur. | Partie de bâtimens comprise entre deux murs de face.

Corps-de-garde, logement pour les soldats lorsqu'ils montent la garde.

Corps-de-logis, bâtiment pour l'habitation, lorsqu'il n'enferme qu'une pièce entre ses murs de face il est simple, et double lorsque l'espace du dedans est partagé par un mur de refend ou une cloison.

Corridor ou *coridor*, s. m. allée entre un ou deux rangs de chambres pour les faire communiquer et les dégager.

Corroi, s. m. c'est de la terre glaise bien pétrie, dont on fait le fond d'un réservoir, d'un bassin, etc.

Corroyer, v. act. c'est bien pétrir la chaux et le sable avec de l'eau, par le moyen du rabot, pour en faire du mortier.

Corroyer le bois, c'est, après avoir ébauché le bois, l'aplanir avec la varlope.

Corroyer le fer, c'est battre le fer à chaud pour le condenser.

Corvée, s. f. c'est le temps que les vassaux d'un seigneur étaient obligés de lui donner sans salaire, pour travailler à la construction ou aux réparations des murs de son château, four, moulin. Les maçons appellent aussi corvée, une réparation peu considérable.

Côté, s. m. c'est un des pans d'une superficie régulière ou irrégulière.

Coter, v. act. c'est marquer sur un dessin, par cotes ou chiffres, les mesures d'un bâtiment.

Côtes, s. f. pl. ce sont, sur le fût d'une colonne cannelée, les listels qui séparent les cannelures.

Couche, s. f. c'est une pièce de bois couchée à plat sous le pied d'un étai.

Couche de ciment, espèce d'enduit de chaux et de ciment, d'environ un demi-pouce d'épaisseur.

Couchis, s. m. c'est un lattis à lattes jointives attachées sur les solives d'un plancher pour en porter la fausse aire de gros plâtre. | Pièces de charpente d'un cintre sur lesquelles portent les voussoirs.

Coude, s. m. c'est un angle obtus dans la continuité d'un mur de face.

Coudée, s. f. mesure antique prise depuis le coude jusqu'à l'extrémité de la main.

Couette, s. f. voy. *crapaudine*.

Couler en plomb, v. act. c'est remplir de plomb les joints de pierre.

Couleurs, s. f. pl. on entend par ce mot, dans l'architecture, toutes les impressions dont on peint les bâtimens.

Couleuvre, s. f. lézarde ou fente qui survient à une voûte, un dôme, par défaut de construction.

Coulis, s. m. plâtre gâché clair pour remplir les joints des pierres.

Coulisse, s. f. c'est toute pièce de bois à rainure en manière de canal.

Coupe ou *coupole*, s. f. partie concave d'une voûte sphérique.

Coupe de fontaine, sculpture en manière de vase, moins haut que large, avec un pied.

Coupe, on entend par ce mot, dans l'art de bâtir, l'inclinaison des joints des voussoirs. Ainsi on dit donner plus ou moins de *coupe*, pour exprimer cette inclinaison.

Coupe de bâtiment, dessin géométral de la section verticale d'un édifice.

Coupe des pierres, c'est l'art de tracer et de couper les pierres.

Couper, v. act. couper une pierre, couper le plâtre, couper le bois.

Cour, s. f. espace quadrilataire, rond ou d'autre figure, environné de murs ou de bâtimens.

Courbe, s. f. épithète qui exprime, en architecture, la direction oblique d'un corps.

Courbe, pièce de bois, coupée en arc, dont on se sert pour faire les cintres.

Courbure, s. f. c'est l'inclinaison de la surface d'un corps, comme celle du contour d'une colonne, d'un dôme.

Courge, s. f. espèce de corbeau de pierre ou de fer, qui porte le faux manteau d'une ancienne cheminée.

Couronnement, s. m. nom général qu'on donne à tout ce qui termine une décoration d'architecture.

Couronner, v. act. c'est terminer un corps avec quelque amortissement.

Cours, s. m. c'est une grande allée d'arbres avec contre-allée.

Cours d'assise, rang continu de pierres de niveau et de même hauteur. Cours de pannes. Suite de plusieurs pannes.

Coussinet, s. m. c'est la pierre qui couronne un pié-droit, pour recevoir la première retombée d'un arc ou d'une voûte.

Couture, s. f. c'est la jonction de deux tables de plomb.

Couvent, s. m. grande maison où des personnes consacrées à Dieu vivent sous une même règle.

Couverture, s. f. nom général qu'on donne au toit d'une maison.

Couvreur, s. m. c'est le nom de l'artisan qui fait les couvertures.

Coyaux, s. m. pl. morceaux de bois qui portent sur le bas des chevrons et sur la saillie de l'entablement.

Coyer, s. m. pièce de bois qui, étant posée diagonalement dans l'enrayure d'un comble, s'assemble dans le pied du poinçon, et répond sous l'arêtier.

Craie, s. f. pierre tendre et blanche dont on se sert pour dessiner.

Crampons, s. m. pl. morceaux de fer qui servent à retenir les pierres et les marbres.

Crapaudine, s. f. morceau de fer ou de bronze, creusé, qui reçoit le pivot d'une porte.

Crayon, s. m. c'est un petit morceau, de pierre tendre, aiguisé en pointe pour dessiner.

Crèche, s. f. ouvrage formé d'une file de pieux autour d'une pile ou d'une culée d'un pont.

Crédence d'autel, s. f. c'est, dans une église, une petite table pour mettre ce qui dépend du service de l'autel.

Créneaux, s. m. pl. ce sont, au haut des murs et des vieux châteaux, des dentelures distantes par intervalles égaux à leur largeur, qui leur servent aujourd'hui plutôt d'ornement que de défense.

Crépir, v. act. c'est employer le plâtre ou le mortier avec un balai, sans passer la truelle par dessus; ce qu'on appelle faire un crépi.

Crête, s. f. extrémité, sommet d'un comble, d'un mur.

Crevasse, s. f. c'est le nom d'une fente ou d'un éclat qui se fait à un endroit qui bouffe.

Croisée, s. f. c'est le nom qu'on donne à la baie d'une fenêtre et à la menuiserie qui en porte le chassis et le volet.

Croiser et *recroiser*, v. act. c'est partager une ouverture ou baie en plusieurs panneaux.

Croisillons, s. m. pl. pierre fort mince, dont on partageait anciennement la baie d'une fenêtre.

Croix, s. f. monument de piété.

Croix de saint André, assemblage de deux pièces de bois croisées diagonalement.

Crone, s. m. c'est sur le bord d'un port de mer ou de rivière, une tour ronde et basse qui sert à charger et à décharger les marchandises des vaisseaux.

Crossettes, s. f. pl. ce sont les retours aux coins des chambranles de portes ou de croisées qu'on nomme aussi *oreillons*.

Croupe de comble, s. f. c'est un des bouts d'un comble.

Croupe d'église, c'est la partie arrondie du chevet d'une église considérée par le dehors.

Crypto-portique, s. m. on entend par ce mot, un lieu souterrain voûté et la décoration de l'entrée d'une grotte.

Cube, s. m. solide terminé par 6 faces quarrées | Comme adjectif, voy. *toise* et *mètre cube*.

Cueillie, s. f. c'est du plâtre dressé le long d'une règle qui sert de repère pour enduire de niveau.

Cuisine, s. f. pièce pour apprêter les mets.

Cuisse de triglyphe, s. f. c'est la côte qui est entre deux glyphes.

Cuivre, s. m. métal qui sert dans l'architecture à faire des ornemens, des crampons, etc.

Cul de four, s. m. voûte sphérique.

Cul de lampe, s. m. espèce de pendentif qui tombe des nervures des voûtes.

Cul de sac, s. m. c'est une petite rue sans issue.

Culée ou *butée*, s. f. massif de pierre dure, qui arcboute la poussée de la première et dernière arche d'un pont.

Culière, s. f. pierre plate creuse avec une goulette qui reçoit l'eau d'un tuyau de descente.

Culot, s. m. petit ornement de sculpture en façon de tigette, d'où sortent des rinceaux de feuillages.

Cuve de bain, s. f. espèce de grand vase de pierre ou de marbre.

Cuvette, s. f. vaisseau de plomb placé pour recevoir les eaux d'un chéneau et les conduire dans le tuyau de descente.

Cyzicènes, s. f. pl. c'étaient chez les Grecs les plus magnifiques salles à manger exposées au nord sur des jardins.

D

Dais, s. m. composition d'architecture et de sculpture qui sert à couvrir et couronner un autel, un dôme.

Dalles, s. f. pl. pierres dures débitées par tranche de peu d'épaisseur.

Damoiselle ou *demoiselle*, s. f. pièce de bois de cinq ou six pieds de haut, qui sert aux paveurs à enfoncer les pavés.

Darce, s. f. partie d'un port de mer où l'on tient à flot les vaisseaux désarmés.

Dards, s. m. bouts de flèches qu'on met parmi les oves qui ont la forme de cœur ; on fait des dards en fer pour servir d'amortissemens aux grilles.

Dé, s. m. nom qu'on donne à tout corps quarré.

Débiter, v. act. c'est scier de la pierre ou du bois.

Déblai, s. m. extraction des terres.

Debout, adv. se dit du bois mis de sa hauteur comme un poteau.

Décalquer, voy. *calquer*.

Décastyle, s. m. ordonnance qui a dix colonnes de front.

Décharge, s. f. petit lieu situé à côté d'un garde-meuble, d'une garde-robe.

Décharge, s. f. pièce de bois posée obliquement pour soulager la charge.

Déchaussé, adj. épithète qu'on donne à un fondement lorsque ses fondations dégradées paraissent.

Déchet, s. m. perte de matière occasionée par la taille et les façons à donner aux matériaux.

Décintrer, v. act. c'est démonter un cintre de charpente.

Décombrer, v. act. c'est enlever les graviers d'un atelier.

Décombres, s. m. pl. ce sont les moindres matériaux qui sont de nulle valeur.

Décorateur, s. m. faiseur de décorations de fêtes, de théâtres, de maisons.

Décoration, s. f. nom général qu'on donne à tout ornement qui décore le dehors et le dedans d'un bâtiment et à l'ensemble de ces ornemens.

Decouvrir, v. act. ôter la couverture d'une maison.

Découvrir le bois, lui donner la première ébauche.

Dédale, voy. *labyrinthe*.

Défense, s. f. latte pendue au bout d'une longue corde, pour avertir les passans de s'éloigner d'une maison où l'on fait quelque réparation.

Dégagement, s. m. petit passage ou escalier par lequel on peut s'échapper.

Dégauchir, v. act. dresser une pièce de bois ou les paremens d'une pierre.

Dégradé, adj. bâtiment qui est devenu inhabitable, mur dégradé.

Degré, voy. *marche*.

Dégrossir, v. act. faire la première ébauche d'un bloc de pierre.

Déjeter, adj. se dit du bois qui travaille, qui se courbe, se retire.

Délarder, v. act. piquer avec la pointe d'un marteau le lit d'une pierre et démaigrir ce qui en doit être posé en recouvrement.

Délarder, terme de charpenterie, rabattre en chanfrein les arêtes d'une pièce de bois.

Délit, s. m. c'est le côté, le sens différent du lit qu'une pierre avait dans la carrière.

Déliter, v. act. poser une pierre dans un bâtiment, en un sens contraire à celui qu'elle avait dans la carrière.

Démaigrir ou *amaigrir*, v. act. c'est couper une pierre à un joint de lit et de coupe.

Démaigrissement, s. m. c'est le côté d'une pierre ou d'une pièce de bois démaigri.

Demi-lune, bâtiment dont le plan est un semi-circulaire.

Demoiselle, s. f. outil de paveur que l'on appelle aussi *hie*.

Démolir, v. act. c'est abattre un bâtiment.

Démolition, s. f. action de démolir. | Matériaux qui en proviennent.

Démonter, v. act. défaire avec soin un comble ou tout autre ouvrage.

Dent de loup, s. f. espèce de gros clou, qui sert pour arrêter les poteaux de cloison.

Denticules, s. f. pl. ornemens dans une corniche taillés en manière de dents.

Dépendances, s. f. pl. bâtimens qui dépendent d'un édifice, tels que les écuries, remises.

Dépense, s. f. pièce où l'on serre les provisions et les restes des viandes.

Dérobé, adj. se dit des portes, escaliers, etc. qui sont cachés.

Descente, s. f. voûte rampante qui couvre une rampe d'escalier, comme la descente d'une cave.

Descente d'experts, c'est la visite des experts.

Dessin, s. m. c'est la représentation géométrale ou perspective de ce qu'on a projeté.

essin au trait, dessin arrêté à l'encre.

essinateur, s. m. homme qui dessine et met au net des s, profils et élévations des bâtimens.

étail, s. m. c'est, dans un devis, le dénombrement exact matériaux et façons d'un bâtiment. C'est aussi dans nesures celui des parties cotées.

étrempe, couleur employée à l'eau et à la colle.

étremper, v. act. c'est délayer un corps avec de l'eau.

evanture, s. f. c'est le devant d'un siège d'aisance, de re ou de plâtre, d'une mangeoire d'écurie, d'un appui e boutique.

éveloppement, s. m. faire le développement d'une pièce rait, c'est se servir des lignes de l'épure pour en lever différens panneaux.

evers, adj. inclinaison d'un corps, comme un poteau obliquement dans un pan de bois. Le mot *devers* ifie encore la gauche d'une pièce de bois.

eversoir, s. m. ouverture pratiquée au sommet d'une e pour laisser écouler les eaux.

evis, s. m. mémoire général des quantités, qualités et ns des matériaux d'un bâtiment.

évoyer, v. act. détourner de son àplomb un tuyau de minée ou descente, ou une chausse d'aisance.

iable, s. m. espèce de chariot à deux roues.

iamètre, s. m. ligne qui passe par le centre d'un le et aboutit de part et d'autre à sa circonférence.

iastyle, s. m. espace de trois diamètres ou de six mo- s entre deux colonnes.

iglyphe, s. m. triglyphe imparfait, ou une console ou eau, lequel a deux gravures ou canaux ronds.

igue, s. f, construction destinée à retenir les caux.

Dimension, s. f. mesure de la longueur, la largeur ou la profondeur d'un corps.

Diminution ou *contracture*, s. f. c'est le rétrécissement bien proportionné d'une colonne, de bas en haut.

Diptère, temple ayant deux rangs de colonnes isolées dans son extérieur.

Disposition, s. f. arrangement des parties d'un édifice par rapport à l'ensemble.

Distribution, s. f. c'est la division des pièces qui composent le plan d'un bâtiment.

Distriglyphe, s. m. c'est l'espace de deux triglyphes sur un entre-colonnement dorique.

Doigt, s. m. ancienne mesure romaine égale à vingt-un millimètres.

Dôme, s. m. c'est un comble de figure hémisphérique.

Donjon, s. m. petit pavillon, ordinairement de charpente, élevé au-dessus du comble d'une maison.

Dorer, v. act. appliquer de l'or en feuilles au dedans ou au dehors des édifices.

Dorique, adj. le second ordre d'architecture; le plus mâle et le plus sévère.

Dormant, adj. se dit des ouvrages de serrurerie et de menuiserie qui ne sont point mobiles.

Dormant de croisée, s. m. partie du châssis qui tient dans la feuillure de la baie.

Dortoir, s. m. appartement destiné au sommeil dans les couvens, collèges, etc.

Dos-d'âne, s. m. corps qui a deux surfaces inclinées.

Dosse, s. f. grosse planche dont on se sert pour échafauder, voûter.

Dosse-flache, première planche qui se lève d'un arbre.

Dosseret, s. m. petit jambage qui fait le piédroit d'une

porte ou d'une croisée. | Pilastre d'où un arc doubleau prend naissance de fond. Les demi-dosserets sont dans les encoignures.

Dossier, s. m. partie d'un ouvrage de menuiserie contre laquelle on s'adosse.

Doubleau, voy. *arc doubleau*.

Doubleaux, s. m. pl. fortes solives des planchers.

Doucine, s. f. moulure concave par le haut et convexe par le bas. On l'appelle aussi *gueule droite*, et lorsqu'elle fait l'effet contraire, *gueule renversée*.

Douelle, s. f. parement intérieur d'une voûte, et la partie courbe du dedans d'un voussoir.

Dresser, v. act. élever àplomb quelque corps.

Droit, adj. opposé de biais, ainsi on dit une porte droite, un berceau droit, etc.

E

Ebauche, s. f. première forme qu'on donne à une pierre, à un marbre.

Ebaucher, v. act. faire l'ébauche.

Ebouziner, v. act. ôter le bouzin d'une pierre ou d'un moellon.

Ebraser, v. act. élargir une baie de porte ou de croisée du côté du parement antérieur du mur.

Ecailles, s. f. pl. petits ornemens qui se taillent en manières d'écailles de poisson. | Ecailles ou éclats de marbre. | Recoupes dont on fait la poudre de stuc.

Echafaud, s. m. espèce de plancher, porté sur des baliveaux et boulins scellés dans les murs pour bâtir.

Echafaudage, s. m. c'est l'assemblage des pièces nécessaires pour dresser des échafauds.

Echantillon, s. m. mesure conforme à l'usage et aux ordonnances.

Echappée, s. f. espace suffisant pour le passage d'une voûte. | Passage sous la rampe d'un escalier. | Vue resserrée entre des maisons, des montagnes, etc.

Echaquette, *échauguette*, *guérite*, s. f. ou *donjon*, s. m. espèce de tourelle élevée sur une tour ou une terrasse pour faire le guet.

Echarpe, s. f. pièce de bois avancée au dehors, où est attachée une poulie pour enlever un fardeau.

Echarper, v. act. c'est haler et chabler une pièce de bois.

Echasses, s. f. pl. règles de bois minces pour juger les hauteurs et retombées des voussoirs.

Echasses d'échafaud, grandes perches debout, nommées aussi *baliveaux*.

Echaudoir, s. m. lieu ou les bouchers assomment et dépouillent les animaux.

Echeia ou *échea*, s. m. vases d'airain que les Anciens faisaient entrer dans la construction des théâtres, pour donner plus de force et d'éclat à la voix des acteurs.

Echelage, s. f. c'est le droit de poser une échelle sur la maison d'autrui,

Echelier ou *rancher*, s. m. longue pièce de bois traversée de petits échelons appelés *ranches*, qu'on pose àplomb pour descendre dans une carrière.

Echelle, s. f. mesure proportionnelle qu'on met au bas des dessins pour les mesurer.

Echelle, espèce d'escalier composé de deux montans réunis par des traverses.

Echiffre ou *parpain d'échiffre*, s. m. mur rampant par le haut, qui porte les marches d'un escalier.

Echine, s. f. c'est dans un quart de rond taillé, la coque qui renferme l'ove.

Echoppe, s. f. petite boutique de menuiserie adossée contre un mur.

Eclats, s. m. pl. morceaux de bois ou de pierre qu'on enlève en dégrossissant une pièce de bois ou un bloc de pierre.

Ecluse, s. f. ouvrage de maçonnerie et de charpenterie fait pour soutenir et pour élever les eaux.

Ecoinçon, s. m. c'est dans le piédroit d'une porte ou d'une croisée, la pierre qui fait l'encoignure.

Ecoles, s. f. pl. bâtiment où l'on enseigne publiquement les sciences.

Ecoperche ou *escoperche*, s. f. pièce de bois avec une poutre qu'on ajoute au bec d'une grue, pour lui donner plus de volée.

Ecornure, voy. *épaufrure*.

Ecoutes, s. f. pl. tribunes à jalousie où se tiennent les personnes qui ne veulent point être vues.

Ecume, s. f. nom sous lequel on emploie le mâchefer dans les ouvrages de rocaille.

Ecurie, s. f. bâtiment destiné à la demeure des chevaux.

Ecusson, s. m. petite plaque de fer qu'on met sur les portes des chambres.

Ecuyer, s. m. perches de bois qu'on pose à hauteur d'appui le long des escaliers pour aider les personnes qui montent ou descendent.

Edifice, s. m. terme synonyme à bâtiment, voy. *bâtiment*.

Eglise, s. f. lieu ou les chrétiens font le service divin.

Egoût, s. m. extrémité du bas d'un comble. | Canal

voûté par lequel s'écoulent les immondices d'une ville.

Elégir, v. act. c'est, en menuiserie, pousser à la main un panneau, une moulure.

Elévation, s. f. représentation de la façade d'un bâtiment.

Elève, s. m. apprentif ou disciple dans l'exercice de l'architecture.

Elever, v. act. c'est donner de la hauteur à un bâtiment.

Embarcadère, s. m. construction pour faire aborder les bateaux facilement.

Embasement, s. m. espèce de base continue au pied d'un édifice.

Emboiture, s. f. traverse d'environ cinq pouces, qu'on met à chaque bout d'une porte, pour retenir en mortaises les ais à tenon et chevillés.

Embranchemens, s. m. pl. pièces de l'enrayure assemblées de niveau avec le coyer et les empanons dans la croupe d'un comble.

Embraser ou *ébraser*, v. act. élargir en dedans la baie d'une porte ou d'une croisée.

Embrassure, s. f. bandes de fer autour d'une cheminée, d'une poutre, etc.

Embrasure, s. f. ou plutôt *ébrasement*, s. m. élargissement oblique qu'on fait au dedans d'une porte ou d'une croisée.

Embrèvement, assemblage par embrévement qui reçoit le bout démaigri d'une pièce de bois sans tenon ni mortaise.

Empanons, chevrons de croupe.

Empattement, s. m. c'est une plus large épaisseur de

maçonnerie qu'on laisse devant et derrière, dans un mur de face ou de refend.

Encastrer, v. act. enchâsser par entaille une pierre dans une autre, ou un crampon dans deux pierres.

Enceinte; voy. *circuit*.

Enchevauchure, s. f. jonction par recouvrement, ou feuillure de quelque partie avec une autre.

Enchevêtrure, s. f. c'est, dans un plancher, un assemblage de deux solives et d'un chevêtre qui laisse un vide pour porter un âtre de cheminée.

Enclave, s. f. objet qui est enclavé. | On dit qu'une cage d'escalier dérobé, ou qu'un ou plusieurs tuyaux de cheminée font enclave dans une chambre, quand, par leur avance, ils en diminuent la grandeur.

Enclaver, v. act. encastrer, enfermer un corps dans un autre, comme par exemple, encastrer les bouts des solives d'un plancher dans les entailles d'une poutre.

Enclos, voy. *clôture*.

Encoignure, s. f. nom qu'on donne aux coins principaux d'un bâtiment, et à ceux de ses avant-corps.

Encorbellement, s. m. nom général qu'on donne à toute saillie qui porte à faux sur quelque console ou corbeau, au-delà du nu d'un mur.

Encre de la Chine, s. f. ceci n'est point un terme d'architecture, mais le nom d'une sorte d'encre en usage dans les dessins d'architecture.

Enduit, s. m. composition qui sert à revêtir un mur.

Enfaîtement, s. m. c'est une table de plomb qui couvre le faîte d'un comble d'ardoise.

Enfaîter, v. act. couvrir le faîte d'un comble.

Enfilade, s. f. c'est l'alignement de plusieurs portes de suite dans un appartement.

Enfoncement, s. m. c'est la profondeur des fondations d'un bâtiment, d'un puits.

Enfourchemens, s. m. pl. premières retombées des angles des voûtes d'arête, dont les voussoirs sont à branches.

Engager, v. act. faire pénétrer une construction dans une autre.

Engin, s. m. nom générique de toutes les machines employées dans la construction.

Engraissement, s. m. action de joindre si juste des pièces de bois, que, pour ne laisser aucun vide dans les mortaises, les tenons y entrent par force.

Enlier, v. act. engager les pierres et les briques ensemble, en élevant les murs.

Ennusure ou *Annusure*, s. f. morceau de plomb en forme de basque au pied des poinçons et amortissemens d'un comble.

Enrayure, s. f. assemblage de charpente composé d'entraits, coyers, goussets, qui sert à retenir les fermes et demi-fermes d'un comble.

Enrochement, s. m. amas de pierres pour défendre les piles et les culées d'un pont contre les affouillemens.

Enroulement, s. m. nom général qu'on donne à tout ce qui est contourné en ligne spirale.

Ensemble, s. m. terme dont on se sert pour exprimer la masse d'un bâtiment, et la proportion relative des parties au tout.

Enseuillement, s. m. appui d'une fenêtre au-dessus de trois pieds.

Entablement, s. m. c'est la troisième et supérieure partie d'un ordre, qui repose sur la colonne.

Entaille, s. f. c'est une ouverture qu'on fait pour joindre une chose avec une autre.

Entamures de carrière, s. f. pl. ce sont les premières pierres qu'on tire d'une carrière nouvellement découverte.

Entoiser, v. act. c'est arranger carrément des matériaux informes, pour mesurer le cube.

Entrait, s. m. maîtresse pièce de bois dans laquelle s'assemblent les deux forces d'une ferme.

Entre-colonne ou *Entre-colonnement*, s. m. espace qui est entre deux colonnes, et qui est mesuré par une ligne perpendiculaire, tirée de l'axe d'une colonne sur l'axe de celle qui est à côté.

Entre-coupe, s. f. c'est le dégagement qui se fait dans un carrefour étroit, par deux pans coupés opposés, pour faciliter le tournant des voitures.

Entre-coupe de voûte, c'est le vide qui reste entre deux voûtes sphériques l'une sur l'autre.

Entrée, s. f. terme général qui signifie l'endroit par où l'on entre dans quelque lieu.

Entrelas, s. m. ornement de listels et de fleurons, liés et croisés les uns avec les autres.

Entre-modillon, s. m. c'est l'espace qui est entre deux modillons.

Entre-pilastre, s. m. c'est l'espace qui est entre deux pilastres.

Entrepôt, s. m. espèce de magasin où l'on tient en dépôt les marchandises.

Entrepreneur, s. m. c'est le nom de celui qui entreprend un bâtiment pour une certaine somme

Entrer, v. act. c'est joindre bout à bout, et àplomb, des pièces de bois de charpente de même grosseur.

Entresol, s. m. petit étage pratiqué entre le rez-de-chaussée et le premier.

Entretien, s. m. réparation annuelle des ouvrages.

Entre-toise, s. f. pièce de bois qui sert à entretenir les poteaux d'une cloison, d'un pan de bois, etc.

Entrevous, s. m. espace qui est entre chaque solive d'un plancher.

Epaufrure, s. f. éclat du bord du parement d'une pierre.

Epaulée, s. f. on dit qu'une maçonnerie est faite par épaulées, lorsqu'elle n'est pas élevée de suite, ni de niveau.

Epaulement, s. m. c'est toute portion de mur qui sert à en soutenir un autre.

Eperon, voy. *contre-fort*.

Epi, s. m. c'est, dans un comble circulaire, l'assemblage des chevrons à l'entour du poinçon. | Défense en maçonnerie ou en fascinage pour préserver les bords d'une rivière des effets du courant.

Epi de faîte, c'est le bout d'un poinçon qui paraît audessus du faîte d'un comble.

Epigeonner, v. act. c'est employer le plâtre un peu serré, sans le plaquer, ni le jeter, mais le lever doucement avec la main et la truelle.

Epigraphe, s. f. c'est le nom de toutes les inscriptions qui servent dans les bâtimens pour en faire connaître l'usage et le temps de leur construction, etc.

Epistyle, s. m. synonyme d'architrave. Quelques auteurs désignent ainsi la petite dalle qui dans quelques monumens est interposée entre le tailloir du chapiteau et la colonne.

Epitaphe, s. f. c'est une inscription qu'on met sur un tombeau.

Epuisement, s. m. opération par laquelle on épuise les eaux pour découvrir le sol et jeter les fondations.

Epure, s. f. c'est la figure d'une pièce de trait.

Equarrir, v. act. c'est mettre une pierre ou une pièce de bois d'équerre en tous sens.

Equarrissage, s. m. on dit qu'une pièce de bois est à six sur huit pouces d'équarrissage, pour signifier ses deux plus courtes dimensions.

Equarrissement, s. m. c'est la réduction d'une pièce de bois en grume à la forme quarrée.

Equerre, s. f. instrument de fer, de cuivre ou de bois, qui sert à tracer ou à vérifier un angle droit.

Equerre de fer, lien de fer coudé qu'on met aux portes de menuiserie et à d'autres ouvrages.

Equidistant, adj. épithète qu'on donne à une chose également éloignée d'une autre.

Equipage, s. m. on comprend sous ce nom général tout ce qui sert pour la construction et pour le transport des matériaux.

Erestier, voy. *arêtier*.

Eriger, v. act. c'est élever une chose. On dit ériger un mur, ériger un pan de bois.

Escalier, s. m. assemblage de marches ou degrés, qui sert à faire communiquer les étages et à y parvenir.

Escape, voy. *congé*.

Escarpe, s. f. mur en talus depuis le pied d'un bâtiment jusqu'au cordon, qui fait un côté du fossé. Et *contrescarpe* est le mur qui lui est opposé de l'autre côté du fossé.

Escarper, v. act. c'est, en coupant un roc ou des terres

naturelles, leur donner le moins de talus qu'il est possible.

Escoperches, s. f. pl. grandes perches comme des baliveaux, qui servent pour échafauder.

Esmiller, v. act. c'est travailler le grès ou la pierre avec la pointe du marteau.

Esmillier le moellon, c'est en ôter le bouzin, et l'atteindre jusqu'au vif.

Espacement, s. m. c'est toute distance entre un corps et un autre.

Esplanade, s. f. lieu élevé à découvert, pratiqué aux environs d'une ville ou devant un édifice pour se promener.

Esquisse, s. f. c'est le premier crayon ou une légère ébauche d'un morceau d'architecture.

Esselier, s. m. pièce de bois qui s'assemble dans la jambe de force, et qui supporte l'entrait. On l'appelle aussi *gousset*.

Essieu, voy. *cathète*.

Estoquiau, s. m. espèce de cheville qui tient le ressort d'une serrure.

Estrade, s. f. espèce de marche-pied sur lequel posent le lit, les trônes, les buffets, etc.

Etable, s. f. bâtiment où l'on tient le bétail.

Etablir, v. act. rendre stable. Les maçons disent établir des pierres, pour dire tracer dessus le parement quelque marque ou lettre alphabétique, pour destiner à chacune sa place.

Etage, s. m. On entend par ce mot toutes les pièces d'un ou de plusieurs appartemens qui sont sur un même plan.

Etal, voy. *boucherie*.

Etalonner, v. act. c'est réduire des mesures à pareille

distance, longueur et hauteur, en y marquant des repères.

Etançon, s. m. manière d'étai pour retenir ferme un mur ou un pan de bois.

Etanfiche, s. f. hauteur de plusieurs bancs de pierre, qui font masse dans une carrière.

Etang, s. m. grand réservoir d'eau dans un lieu bas, fermé par une digue.

Etaie, s. f. pièce de bois posée en arc-boutant pour retenir quelque mur déversé et en surplomb.

Etayer, v. act. c'est retenir avec de grandes pièces de bois un bâtiment qui tombe en ruine.

Etelon, s. m. épure des fermes et de l'enrayure d'un comble, des plans d'escaliers et de tout autre assemblage de charpenterie, qu'on trace sur une aire plane.

Etrésillon, s. m. pièce de bois serrée entre deux dosses, pour empêcher l'éboulement des terres dans la fouille des tranchées d'une fondation.

On nomme encore *étresillon*, une pièce de bois assemblée à tenon et mortaise, avec deux couches qu'on met dans les petites rues, pour retenir à demeure des murs qui bouclent et qui déversent. Ces étresillons s'appellent aussi *étançons*.

Etresillonner, v. act. c'est retenir les terres et les bâtimens avec des dosses et des étresillons en travers.

Etrier, s. m. espèce de lien de fer, coudé quarrément en deux endroits.

Etudier, v. act, étudier un projet, c'est se rendre raison des rapports de l'exactitude des proportions et de l'effet à venir, etc.

Etuve, s. f. lieu fermé que l'on chauffe pour y faire suer les personnes qui en ont besoin.

Evaluer, v. act. c'est, dans l'estimation des ouvrages, en régler le prix par compensation.

Evêché, s. m. c'est le palais d'un évêque, ordinairement joint à une église cathédrale.

Evier, s. m. pierre creuse qu'on met dans une cuisine pour en faire écouler l'eau.

Euripes, s. m. pl. les anciens Romains appelaient ainsi leurs moindres jets d'eau, et *Nili* leurs plus grands.

Eurythmie, s. f. mot grec qui signifie la beauté des proportions d'architecture.

Eustyle, s. m. c'est la meilleure manière d'espacer les colonnes, selon Vitruve, laquelle consiste à donner à leur intervalle deux diamètres et un quart.

Evider, v. act. c'est tailler à jour quelques panneaux de bois, pour les rendre légers, et pour voir à travers sans être vu.

Exastyle, s m. porche qui a six colonnes de front.

Exèdres, s. m. pl. c'étaient, chez les anciens, des lieux garnis de bancs et de sièges, où disputaient les philosophes, les orateurs.

Exhaussement, s. m. c'est une hauteur ou une élévation ajoutée sur un mur.

Expert, s. m. c'est un homme habile dans l'art de bâtir, qui est préposé pour régler les prix, quand il n'y a pas de marché par écrit.

Exposition, s. f. c'est la manière dont un bâtiment est exposé, par rapport au soleil et aux vents.

Extrados, s. m. c'est la convexité extérieure d'une voûte; et *intrados* ou *douelle*, celle du dedans.

Extradossé, adj. on dit qu'une voûte est extradossée, lorsque le dehors n'en est pas brut; que le parement extérieur est aussi uni que celui de la douelle.

F

Fabrique, s. f. signifie, en Italie, un bâtiment considérable; et en France, généralement les petites constructions telles que tours, ruines, etc., dont on décore les jardins pittoresques.

Façade, s. f. c'est la face que présente un bâtiment considérable sur une rue, une cour ou un jardin.

Face, s. f. membre plat comme la bande d'un architrave, d'un larmier.

Faisanderie, s. f. maison où l'on élève des faisans.

Faîtage, s. m. pièce de bois qui fait le haut de la charpente d'un bâtiment, et où les chevrons sont arrêtés par en haut.

Faîte, s. m. c'est la partie la plus élevée du comble d'une maison.

Faîtière, s. f. tuiles qui recouvrent le faîtage..

Fanal, s. m. tour haute et menue au bout d'un mole, ou avancée en mer sur quelque écueil, d'où l'on découvre les vaisseaux, et qui, par le moyen de la lumière qu'on y expose, sert à les guider pour les conduire à la rade et dans le port.

Fauconneau, s. m. c'est la pièce de bois posée en travers sur le haut d'un engin, qui a deux poulies à ses bouts.

Fauconnerie, s. f. c'est un bâtiment qui consiste en volières, pour y nourrir toutes sortes d'oiseaux de proie, servant à la chasse.

Fausse alette, s. f. c'est un arrière pied droit en renfoncement, qui porte une arcade ou une plate-bande.

Fausse arcade, s. f. c'est un renfoncement cintré.

Fausse-braie, s. f. c'est une terrasse continue entre le fossé et le pied d'un château.

Fausse-coupe, s. f. sorte d'assemblage qui n'est ni à l'équerre, ni à onglet, et qui se trace avec la sauterelle.

Fausse-équerre, s. f. instrument dont les charpentiers se servent pour prendre des angles qui ne sont pas droits.

Fausse-hotte, s. f. c'est la hotte d'une cheminée dont le tuyau est dévoyé, qui ne sert que pour en cacher la difformité.

Fausse-porte, s. f. porte qui ne s'ouvre pas.

Faux-comble, s. m. c'est le petit comble qui est au-dessus du brisis d'un comble à la mansarde.

Faux-jour, s. m. c'est une fenêtre percée dans une cloison, pour éclairer un passage qui ne peut avoir du jour d'ailleurs.

Faux-manteau, s. m. manteau de cheminée porté par des consoles et non par un chambranle montant de fond.

Faux-plancher, s. m. c'est au-dessous d'un plancher, un rang de solives, qui se fait pour diminuer l'exhaussement d'une pièce d'appartement.

Femelle, s. f. morceau de cuivre enchâssé dans le claveau d'une porte pour recevoir par en haut un pivot garni attaché à un ventail, afin d'aider à le faire tourner verticalement.

Fenêtrage, s. m. nom qu'on donne en général à toutes les croisées de bois ou de fer, d'un bâtiment.

Fenêtre, s. f. ouverture dans les murs de face pour donner du jour, voy. *croisée*.

Fenêtre mezzanine, petite fenêtre moins haute que large ou quarrée.

Fenil, s. m. c'est le grenier où tout autre lieu où l'on serre le foin.

Fentons, s. m. pl. morceaux de fer fendus par les deux bouts, qu'on scelle dans les tuyaux et souches de cheminées pour les entretenir.

Fer, s. m. métal qui se fond et se forge, et dont on se sert dans les bâtimens.

Fer à cheval, s. m. terrasse circulaire à deux rampes en pente douce.

Ferme ou *métairie*, s. f. c'est une maison à la campagne, avec basse-cours, granges et étables, etc.

Ferme, s. f. assemblage de charpente pour soutenir le comble d'un bâtiment.

Fermette, s. f. petite ferme d'un faux-comble ou d'une lucarne.

Fermer, v. act. verbe qui dans l'art de bâtir a plusieurs significations; par exemple, fermer un arc, une plate-bande, une voûte, etc.; c'est y mettre la clef pour achever de la bander. Fermer une assise, c'est achever de la remplir par un clausoir. Fermer une porte ou une fenêtre en plein cintre, en plate-bande, etc., c'est sur ses pieds-droits, faire une arcade ou linteau droit. Fermer une baie, c'est la murer pleine ou de demi épaisseur.

Fermeture, s. f. ce qui ferme une porte, une croisée, etc.

Ferrer, v. act. c'est garnir un ouvrage de menuiserie, de gonds, de fiches, etc.

On dit aussi ferrer un mur, lorsqu'on bouche tous ses joints avec du ciment, qu'on presse fortement avec le dos de la truelle.

Ferrure, s. f. nom général qu'on donne à tout fer de

menus ouvrages, qu'on emploie aux portes et aux croisées de menuiserie.

Feston, s. m. ornement de sculpture en manière de cordons de fleurs, de fruits ou de feuilles liés ensemble.

Feuillages, s. m. pl. branches de feuilles dont on orne les frises, gorges, tympans, etc.

Feuilles, s. f. pl. ornemens de sculpture qui servent à la décoration des édifices.

Feuillure, s. m. c'est l'entaille en angle droit, qui est entre le tableau et l'embrasure d'une porte ou d'une croisée pour y loger la menuiserie.

Fiche, s. f. petit morceau de fer pour unir les pentures, clous sans tête.

Grand couteau de maçon pour remplir les joints, les fentes.

Ficher, v. act. faire entrer du mortier dans les joints de lit des pierres.

Fier, adj. épithète qu'on donne à de la pierre et à du marbre fort durs.

Figure, s. f. représentation du corps humain, qui forme un ornement en architecture.

Fil, s. m. c'est, dans la pierre et le marbre, une veine qui les coupe; et c'est, dans le bois, le sens du bois considéré par la longueur de sa tige.

Filardeux, adj. épithète qu'on donne au marbre et à la pierre, qui ont des fils qui les font déliter.

Filet, s. m. nom qu'on donne à toute moulure qui en accompagne ou couronne une plus grande.

Filet, s. m. sorte de maçonnerie en losange, qui imite en effet le filet, et que les Romains appelaient, pour cela, *opus reticulatum*.

Filières, s. f. pl. veines aplomb qui interrompent les bancs dans les carrières.

Filières de comble, pannes qui portent les chevrons ou faux-comble d'une mansarde.

Filotières, s. f. pl. bordures d'un panneau de vitrerie.

Flamme, s. f. ornement de sculpture.

Flanc, s. m. c'est le plus petit côté d'un pavillon.

Flanquer, v. act. c'est donner plus ou moins de saillie à un pavillon. | Ajouter des ouvrages en saillie à l'extrémité d'un bâtiment.

Flache, s. f. déchet du bois à l'endroit où était l'écorce. | Enfoncement du pavé, du carrelage.

Fléau, s. m. barre de fer mobile passée pour fermer sûrement une porte.

Flèche de clocher, s. f. c'est le chapiteau d'un clocher qui a beaucoup de hauteur et qui se termine en pointe.

Fleuron, s. m. feuille ou fleur imaginaire, qui n'est point imitée des fleurs naturelles.

Flipot, s. m. petit morceau de bois qui sert pour remplir un trou ou une gerçure.

Foire, s. f. bâtiment où se tiennent des marchés publics.

Fondation, s. f. c'est la fouille des terres pour fonder un bâtiment.

Fondement, s. m. maçonnerie enfermée dans la terre, pour asseoir un édifice.

Fonder, v. act. c'est asseoir les fondemens d'un édifice sur un terrain estimé bon.

Fonderie, s. f. grand bâtiment pour fondre des canons, des statues, etc.

Fondigue, s. f. magasin d'un port de mer ou d'une ville de grand commerce.

Fondis, s. m. espèce d'abîme causé par la méchante consistance du terrain.

Fondoir, s. m. lieu faisant partie d'une boucherie ou d'un abattoir où l'on fond le suif.

Fondrière, s. f. c'est, en architecture, un terrain marécageux, peu avantageux pour bâtir.

Fonds ou *fond*, s. m. c'est le terrain propre à fonder.

Fond d'ornement, champ sur lequel on taille et on peint les ornemens.

Fontaine, s. f. ouvrage d'architecture destiné à recevoir et distribuer l'eau.

Fontainier, s. m. celui qui construit des fontaines.

Fonts-baptismaux, s. m. pl. chapelle enfermant une cuve de pierre ou de marbre où l'on baptise.

Force ou *jambe de force*, s. f. maîtresse pièce d'une ferme, qui porte l'entrait et les pannes.

Forêt, s. f. c'est le nom qu'on donne à une grande quantité de pièces de bois de charpente, qui composent le comble d'un grand bâtiment.

Forge, s. f. c'est un grand bâtiment pour y fondre et fabriquer le fer.

Forjeter, v. n. On dit qu'un mur se forjette, lorsqu'il se jette en dehors.

Forme, s. f. espèce de libage dur, qui provient des ciels de carrière.

Forme de pavé, c'est la couche de sable sur laquelle est établi le pavé des rues.

Formeret, s. m. nervure d'une voûte en ogive et qui suit le contour de ses arcs.

Formes d'église, s. f. pl. on appelle ainsi les chaises du chœur d'une église.

Fort, s. m. situation avantageuse d'une pièce de bois.

Fosse, s. f. nom général qu'on donne à toute ouverture en terre, destinée à divers usages dans les bâtimens, comme de citerne, de cloaque, de lieux d'aisance.

Fossé, s. m. espace creusé à l'entour d'un château, d'une propriété.

Foudre, s. f. ornement de sculpture en manière de flamme tortillée avec des dards.

Fouetter, v. act. c'est jeter du plâtre clair avec un balai contre le lattis d'un lambris ou d'un plafond pour l'enduire.

Fouille, s. f. c'est toute ouverture faite, fouillée en terre, soit pour une fondation ou pour le lit d'un canal, d'une pièce d'eau.

Fouiller, v. act. c'est évider et tailler profondément les ornemens pour leur donner du relief.

Four, s. m. petit lieu circulaire pour faire le pain ou la pâtisserie.

Fourche, voy. *pendentif*.

Fourchette, s. f. c'est l'endroit où les deux petites noues de la couverture d'une lucarne se joignent à celle d'un comble.

Fourneau, s. m. lieu pour fondre divers métaux.

Fourneau de cuisine, petite table qui sert à faire cuire à part les mets.

Fournil, s. m. lieux près de la cuisine où sont les fours.

Fourrière, s. f. bâtiment où l'on met par bas le bois, le charbon et autres provisions semblables, et où les officiers qui les distribuent ont leur logement au-dessus.

Foyer, s. m. c'est la partie de l'âtre qui est entre les jambages d'une cheminée.

Fragment, s. m. morceau d'architecture trouvé parmi des ruines.

Fresque, s. f. c'est une peinture à l'eau sur un enduit nouvellement fait de chaux ou de sable.

Frette, s. f. cercle de fer dont on arme une pièce de bois pour l'empêcher de s'éclater.

Fretter, v. act. c'est mettre une frette.

Frise, s. f. grande face plate, qui sépare l'architrave d'avec la corniche, l'une des trois parties de l'entablement.

Front, s. m. c'est la partie du corps d'un bâtiment qui se présente au principal aspect; on dit aussi *frontispice*.

Fronton, s. m. corniche triangulaire qui décore les avant-corps, les portes, les croisées, etc.

Fruit, s. m. c'est une petite diminution de bas en haut d'un mur, qui cause par dehors une inclinaison peu sensible.

Fruits, s. m. pl. ornemens de sculpture qui imitent les fruits naturels.

Fruiterie, s. f. bâtiment avec tablettes, où l'on conserve les fruits; on dit aussi *fruitier*.

Fusarole, s. f. petit membre rond ou astragale, quelquefois taillé d'olives et de grains, qui est sous l'ove des chapitaux dorique, ionique et composite.

Fuselé, adj. se dit des colonnes qui procèdent du fuseau de la fileuse. On dit aussi colonnes *renflées*.

Fût, s. m. tronc d'une colonne, sans y comprendre la base ni le chapitaux.

Futée, s. f. c'est une composition de colle forte et sciure de bois, dont les menuisiers se servent pour remplir les trous, fentes et autres défauts du bois.

G

Gache, s. f. plaque de fer qui reçoit le pêne d'une serrure.

Gâcher, v. act. c'est détremper dans une auge le plâtre avec de l'eau.

Gaîne, s. f. c'est la partie inférieure d'une terme qui va en diminuant du haut en bas.

Galbe, s. m. c'est le contour des feuilles d'un chapiteau ébauché, prêtes à être refendues. On désigne encore par le mot *galbe* le contour d'un dôme, d'un vase, d'un balustre, etc.

Galerie, s. f. lieu couvert, situé ordinairement sur les ailes d'un bâtiment.

Galerie d'architecture, c'est une galerie dont le principal ornement consiste dans un ordre d'architecture.

Galerie de peinture, galerie qui renferme des tableaux dans les panneaux d'un lambris.

Galerie de sculpture, galerie ornée de statues, bustes et bas-reliefs antiques.

Galetas, s. m. étage pris dans un comble.

Garde-corps, s. m. voy. *garde-fou*.

Garde-fou, s. m. balustrade ou parapet à hauteur d'appui le long d'un quai, d'un pont.

Garde-manger, s. m. petit lieu près d'une cuisine pour serrer les viandes.

Garde-meuble, s. m. galerie où l'on serre les meubles.

Garde-robe, s. f. petite pièce d'un appartement où l'on serre les habits.

Gargouille, s. f. ouverture pratiquée à une cimaise, à une fontaine, etc. pour l'écoulement des eaux.

Garni ou *remplissage*, s. m. c'est la maçonnerie qui est entre les carreaux et les boutisses d'un gros mur.

Garniture de comble, s. f. nom commun aux lattes, tuiles ou ardoises, et au plomb.

Gauche, adj. épithète qu'on donne au parement d'une pierre, d'une pièce de bois, etc. dont la surface n'est pas développable.

Génies, s. m. pl. figures d'enfans avec des ailes et des attributs.

Gerçures, s. f. pl. ce sont des cassures ou fentes dans le plomb, dans les conduits de plâtre, dans le bois et dans le fer.

Gip ou *gypse*, s. m. espèce de pierre transparente, qui se débite par feuilles comme le talc, dont on fait un plâtre très fin.

Giron, s. m. c'est la largeur de la marche sur laquelle on pose le pied.

Girouette, s. f. petite enseigne ou banderole faite de tôle ou de fer-blanc qu'on met sur le sommet des édifices pour connaître la direction du vent.

Glacière, s. f. réservoir construit de façon qu'on y peut conserver de la glace sans qu'elle se fonde.

Glacis, s. m. pente douce et insensible qui rachète la différence de niveau de deux terrains.

Glacis de corniche, s. m. pente peu sensible sur la cimaise d'une corniche, pour faciliter l'écoulement des eaux de pluie.

Glaçons, s. m. pl. ornemens de sculpture de pierre ou de marbre, qui imitent les glaçons naturels, et qu'on met au bord des bassins des fontaines, aux grottes.

Glaise, s. f. terre grasse dont on fait les ouvrages de poterie, comme tuiles, carreaux.

Glaiser, v. act. c'est faire un corroi de glaise bien pétrie et bien battue au pilon.

Gliphe ou *glyphe*, s. m. nom général qu'on donne à tout canal creusé circulairement, ou en anglet.

Gobeter, v. act. c'est jeter du plâtre avec la truelle, et passer la main dessus.

Godrons, s. m. pl. ornemens en forme d'amandes, taillés sur une moulure en demi-cœur.

Gond, s. m. morceau de fer coudé qui sert à en porter le ventail.

Gorge, s. f. espèce de moulure concave, plus large et moins profonde qu'une scotie.

Gorgerin, s. m. c'est, dans le chapiteau dorique, la petite frise qui est entre l'astragale et les annelets.

Gothique, adj. genre d'architecture apporté en Europe par les Goths et quoique généralement sans goût et sans correction, elle a toutefois de la solidité, de la hardiesse et du merveilleux.

Goujon, s. m. cheville de fer qu'on emploie pour réunir des pierres.

Goulette, s. f. petit canal taillé dans des tablettes de pierre ou de marbre et interrompu de distance en distance par de petits bassins qui forment des cascades.

Goulote, s. f. petite rigole taillée sur la corniche pour faciliter l'écoulement des eaux de pluie par les gargouilles.

Gousses, s. f. pl. espèces d'écosses de fèves qui servent d'ornement dans le chapiteau ionique antique.

Goût, s. m. terme usité par métaphore dans l'architecture, pour signifier la bonne ou mauvaise manière d'inventer, de dessiner ou de travailler.

Gouttes, s. f. pl. ornemens ronds qui représentent des gouttes d'eau, et qui sont, ou comme de petits cônes, ou triangulaires comme de petites pyramides, au bas des triglyphes.

Gouttière, s. f. canal qui sert à recevoir les eaux pluviales sous les tuiles d'un comble.

Gradation, s. f. disposition de plusieurs parties d'architecture, qui forment un amphithéâtre.

Gradins, s. m. pl. on appelle ainsi les degrés qui sont sur la table d'un autel, d'un buffet.

Au pluriel, signifie des bancs au-dessus les uns des autres.

Gradins de dôme, nom qu'on donne à des degrés faits en manière de retraite, fort large, en bas d'un dôme.

Grain d'orge, s. m. c'est une petite cavité entre les moulures de menuiserie pour les dégager. Les menuisiers appellent grain d'orge, un assemblage en adent.

Grandiose, adj. épithète qu'on donne à tout monument qui présente de grandes masses simples et pures de proportions. Il est quelquefois substantif : *ce monument a du grandiose.*

Grange, s. f. pièce d'une métairie où l'on serre et où l'on bat les blés.

Granit, s. m. pierre fort dure, dont on fait des marches, des colonnes, etc.

Gras, adj. épithète que les ouvriers donnent à un angle obtus ou à une pièce trop grosse pour la place qu'elle doit remplir.

Graticuler, v. act. réduire un dessin au moyen des carreaux.

Gravier, s. m. c'est le plus gros sable, le meilleur se tire des rivières.

Gravois, s. m. pl. ce sont les plus petites pierres et platras provenant de la démolition d'un bâtiment.

Grenier, s. m. lieu dans une maison où l'on serre les grains, la paille, le foin.

Greniers d'abondance ou *publics*, grands bâtimens où l'on conserve les grains, afin que pendant la disette le peuple puisse subsister.

Grès, s. m. espèce de roche formée par la réunion de plusieurs grains de sable condensés

Gresserie, s. f. nom commun à la roche dont on tire le grès, et à un ouvrage d'architecture et de sculpture fait de cette matière.

Griffon, s. m. terme de décoration. Animal fabuleux dont les anciens faisaient usage pour décorer leurs bâtimens.

Grillage, s. f. assemblage de charpente qu'on établit sur le sol pour y asseoir les fondemens.

Grille, s. f. assemblage de barreaux formant clôture, parloir, portes, etc.

Gris, s. m. couleur mélangée de noir et de blanc.

Grisaille, s. f. peinture de couleur de pierre ou de marbre blanc, qui imite les saillies et ornemens de l'architecture.

Gros, adj. épithète qu'on donne à une pièce de bois, lorsque ces deux plus courtes dimensions sont égales.

Grotesques, s. m. pl. petits ornemens imaginaires mêlés de figures d'animaux, de feuillages, de fleurs et de fruits.

Grotte, s. f. construction empruntée des enfoncemens souterrains que la nature a ménagés dans le flanc des montagnes et des rochers.

Groupe, s. m. assemblage de plusieurs colonnes accouplées ou de plusieurs figures.

Grue, s. f. c'est la plus grande des machines qui servent dans un atelier pour monter des fardeaux.

Guérite, s. f. petite loge où se place une sentinelle.

Guette, s. f. poteau incliné servant de décharge pour revêtir et contreventer un pan de bois.

Gueule droite et renversée, voy. *cimaise* et *doucine*.

Guichet, s. m. petite porte auprès d'une grande qui sert de passage aux gens de pied; c'est aussi dans un ventail de porte cochère, une petite porte pour passer ordinairement.

Guichet de croisée, c'est l'assemblage qui porte le châssis de verre dans une croisée.

Guignaux, s. m. pl. pièces de bois qui s'assemblent entre les chevrons d'un comble, pour faire le passage d'une souche de cheminée, et retenir les chevrons plus courts que les autres.

Guillochis, s. m. ornement composé de lignes ondées parallèles les unes aux autres dans leur contour.

Guimberges, s. f. pl. ornemens de mauvais goût qu'on voit aux clefs ou aux culs de lampes des voûtes gothiques.

Guindage, s. m. action d'élever les fardeaux. | Cordages pour charger les voitures de transport.

Guinder, v. act. c'est enlever un fardeau par le moyen de quelque machine.

Guirlande, s. f. ornement composé de fleurs et de fruits employé dans les frises.

Gynécée, s. m. partie des maisons antiques destinée au logement des femmes.

H

Hacher, v. act. c'est en maçonnerie, couper avec la hachette pour faire un renformis, un enduit.

Et en charpenterie, c'est faire des rainures ou hoches avec la hache.

Hachette, s. f. outil de maçon fait en forme de marteau et de petite hache.

Haler, v. act. lier un cable à une pièce de bois pour l'enlever.

Halle, s. f. place ou marché public, entouré de boutiques et de portiques où l'on vend les denrées et autres choses nécessaires à la vie.

Hangar, voy. *angar*.

Haras, s. m. grand bâtiment situé à la campagne, où l'on tient des jumens poulinières avec des étalons, pour peupler.

Hardi, adj. épithète qu'on donne en architecture aux ouvrages dont la légèreté étonne et dont la stabilité semble le secret du constructeur.

Harmonie, s. f. c'est l'union et le rapport qu'ont entre elles les parties d'un bâtiment.

Harpes, s. f. pl. pierres qu'on laisse alternativement en saillie à l'épaisseur d'un mur, pour faire liaison avec un autre.

Harpie, s. f. terme de décoration. Oiseau ou monstre fabuleux qui a la tête d'un fille.

Harpons, s. m. pl. morceaux de fer droits ou coudés qui servent à retenir les cloisons et les pans de bois.

Hauban, voy. *cables*.

Haubaner, v. act. c'est arrêter à un piquet le hauban d'un engin pour le tenir ferme lorsqu'on monte quelque fardeau.

Hauteur, s. f. ce terme sert à caractériser l'élévation d'un bâtiment, d'une marche.

Héberge, s. f. hauteur d'un bâtiment élevé contre un mur mitoyen.

Hélices ou *vrilles*, s. f. pl. on nomme ainsi les petites volutes ou caulicoles qui sont sous la fleur du chapiteau corinthien.

Hémicycle, s. m. trait d'un arc ou d'une voûte formée d'un demi-cercle. On étend souvent ce mot à tout ce qui est construit en demi-cercle.

Hermès, s. m. pl. gaîne portant une tête de Mercure.

Hermitage, s. m. petite habitation avec chapelle ou oratoire et jardin.

Herse, s. f. espèce de barrière en forme de palissade, à l'entrée d'un faubourg.

Heurt, s. m. endroit le plus élevé d'une rue, d'une chaussée.

Heurtoir, s. m. pièce de menus ouvrages de fer en forme de console renversée, qui sert à frapper à une porte.

Héxastyle, s. m. temple, façade composée de six colonnes de front.

Hie, voy. *mouton*.

Hiement, s. m. c'est le mouvement d'un assemblage de pièces de bois, causé par l'effort des vents ou par le branle des grosses cloches.

Hiéroglyphes, s. m. pl. figures emblêmatiques d'hommes, d'animaux, gravées sur les monumens égyptiens.

Hippodrome, s. m. lieu disposé pour les courses des chevaux.

Hoches ou *coches*, s. f. pl. petites entailles sur les pièces de bois.

Hôpital, s. m. maison qui sert de retraite aux pauvres et aux malades.

Horizontal, adj. se dit d'un plan ou d'une ligne parallèle à l'horizon; les eaux dormantes forment un plan horizontal.

Hors-d'œuvre, s. m. voy. *œuvre*.

Hospice, s. m. maison religieuse pour recevoir les voyageurs, aujourd'hui il est synonyme d'hôpital.

Hôtel, s. m. grande maison habitée par une personne de distinction, et que caractérise ordinairement la beauté de son architecture.

Hôtel-Dieu, voy. *hôpital*.

Hôtel ou *maison de ville*, c'est un bâtiment public où s'assemblent les personnes préposées aux affaires de la ville.

Hôtellerie, s. f. maison pour loger et nourrir les voyageurs.

Hotte de cheminée, s. f. partie du tuyau qui pose sur le manteau.

Houe, s. f. espèce de rabot qui sert à détremper le mortier.

Hourdir, v. act. maçonner grossièrement avec du mortier ou du plâtre, des moellons ou platras.

Hourdis, s. m. c'est l'ouvrage qu'on a fait en hourdant.

Huisserie, s. f. assemblage du linteau et des poteaux d'une porte de charpente.

Hutte, voy. *baraque*.

Hydraulique, s. m. architecture des eaux.

Hypèthre, s. m. temple ou portique à découvert ou éclairé par une ouverture pratiquée au toit.

Hypocauste, voy. *étuve*.

6

Hypogée, s. m. lieu souterrain destiné à la sépulture des morts.

Hypotrachélion, s. m. point de jonction du fût de la colonne avec le chapiteau, qu'on appelle aussi *gorge*, *gorgerin*, *collier*.

I

Ichonographie, s. f. représentation horizontale et géométrale d'un édifice.

If, s. m. petits échafaudages de forme pyramidale, destinés à recevoir des lampions à l'usage des illuminations.

Ile, s. f. maisons environnées de rues.

Imaginer, v. act. c'est pour l'architecte, se figurer dans la pensée l'objet qu'il se propose de tirer du bloc de marbre, d'élever sur le sol.

Impastation, s. f. ouvrages composés de substances broyées, mises en pâte, puis durcies à l'air ou au feu.

Impériale, s. f. espèce de dôme en charpente, à profil chantourné, dont le sommet se termine en pointe.

Imposte, s. f. assise en saillie et portant des moulures, qui couronne le jambage ou pied droit d'une arcade, et sur laquelle pose le coussinet.

Impression, s. f. couche de peinture à l'huile que le peintre en bâtiment applique sur les fers et les bois, ou sur les murs et les lambris des appartemens.

Imprimer, v. act. enduire d'une ou de plusieurs couches de couleur en détrempe ou à l'huile des ouvrages de charpente, de menuiserie, de serrurerie.

Inclinaison, s. f. position de ce qui est incliné.

Incrustation, s. f. ornemens en marbre, en bronze, en

argent, etc., dont on remplit des entailles faites à la surface d'une boiserie, d'un pavé, d'un mur.

Incruster, v. act. orner d'incrustations des membres d'architecture, des lambris, des meubles.

Infirmerie, s. f. bâtiment ou dortoir commun destiné au logement des malades, dans une communauté, un collège, un hospice.

Ingénieur, s. m. architecte appliqué à la construction des ouvrages de fortification, aux constructions hydrauliques et aux travaux des grands chemins.

Inscription, voy. *épitaphe*.

Inspecteur, s. m. préposé à la construction des bâtimens, dont les fonctions consistent à surveiller la qualité des matériaux qu'emploient les entrepreneurs.

Institut, s. m. s'entend quand il s'agit des sciences et des arts en France, d'un grand corps académique établi à Paris sous le nom d'Institut, renfermant l'académie française, l'académie des sciences, l'académie des inscriptions et belles lettres, et l'académie de peinture, sculpture et architecture.

Instrumens, s. m. on appelle ainsi, le compas, la règle, l'équerre, etc.

Intrados, s. m. surface intérieure, dessous d'une voûte.

Ionique, adj. nom sous lequel on désigne le troisième ordre de l'architecture et les divers membres d'architecture suivant cet ordre.

Irrégulier, adj. se dit de tout ce qui n'est pas suivant les règles et les proportions usitées ou n'est pas symétrique.

Isolement, s. m. distance entre deux parties de construction qui laissent un vide entre elles.

J

Jalons, s. m. pl. perches qui servent à donner des alignemens.

Jalousie, s. f. fermeture de fenêtre qui laisse des vides par lesquels on peut voir sans être aperçu.

Jambage, s. m. c'est un pilier pour soutenir quelque partie de bâtiment.

Jambage de cheminée, ce sont les deux petits murs qu'on élève de chaque côté d'une cheminée.

Jambe, s. f. espèce de chaîne de carreaux et de boutisses, pour porter et entretenir les murs d'un bâtiment.

Jambe étrière, jambe qui est à la tête d'un mur mitoyen.

Jambette, s. f. petite pièce de bois qui sert à soulager les arbalêtriers.

Jante, s. f. pièce de bois courbée en arc de cercle, qu'on emploie aux roues des moulins et des voitures.

Jardin, s. m. espace de terre cultivé et garni d'arbres, de fleurs, etc.

Jarret, s. m. imperfection dans une ligne droite. | Surface qui forme une sinuosité.

Jarreter, v. n. ligne ou surface qui forme un jarret.

Jaspe, s. m. pierre bigarrée de la nature de l'agathe.

Jauge, s. f. petite règle de bois pour déterminer la profondeur d'une tranchée, ou la dimension d'un ouvrage de charpente.

Jauger, v. act. c'est reporter une mesure égale à un autre.

Jaune, s. m. couleur d'or, de citron, de safran.

Jet, s. m. action de jeter les terres, les matériaux. | Manière dont un ouvrage de fonte a été fait : par exemple, d'un seul jet.

Jet-d'eau, s. m. filet d'eau qui jaillit avec violence d'un tuyau et qui s'élance dans les airs.

Jetée, s. f. élévation d'un quai ou d'un môle de port, faite pour arrêter l'impétuosité des vagues.

Jeu, s. m. c'est le mouvement aisé d'une chose dans une ouverture proportionnée. Ainsi on dit qu'une porte a du jeu.

Jeux d'eau, diversité de formes qu'on fait prendre aux jets-d'eau.

Joints, s. m. pl. espaces vides qui sont entre les pierres, qu'on remplit de mortier, de plâtre, de ciment.

Jointif, adj. se dit des corps qui se touchent. *Lattis jointifs*.

Jointoyer, v. act. remplir les ouvertures des joints des pierres, d'un mortier approchant de même couleur. *Rejointer*, c'est remplir les joints d'un bâtiment vieux, d'un mortier de chaux ou de ciment,

Jouée, s. f. épaisseur du mur dans lequel une baie de porte ou de croisée a été ouverte.

Jouées de lucarne, ce sont les côtés d'une lucarne dont les panneaux sont remplis de plâtre.

Joug de solive, s. m. nom qu'on donne aux côtés des solives considérées par l'entrevoux.

Jour, s. m. nom général qu'on donne à toute ouverture ou baie dans un mur par où l'on reçoit la lumière.

Journée, s. f. c'est le temps du travail d'un homme pendant un jour.

Jubé, s. m. c'est, dans une église, une tribune élevée sur la porte du chœur dont elle décore l'entrée. Le jubé interceptait la vue de l'autel ; c'est pour cela qu'on le supprime dans les églises modernes.

K

Kiosque, s. m. petit pavillon isolé et ouvert de tous côtés, pour prendre le frais et pour jouir de quelque belle vue.

L

Laboratoire, s. m. salle où l'on fait des opérations de chimie et de physique.

Labyrinthe, s. m. vaste édifice en bosquet coupé de tant de chemins qui rentrent les uns dans les autres, qu'il n'est pas possible d'en sortir.

Lait de chaux, s. m. c'est de la chaux délayée avec de l'eau.

Laiterie, s. f. lieu où l'on tient le lait, et où l'on fait le fromage et le beurre.

Lambourde, s. f. pièce de bois qu'on couche sur un plancher, pour y attacher du parquet.

Lambourdes, s. f. pl. pièces de bois qui sont à côté des poutres, et où il y a des entailles pour y appuyer des solives.

Lambris, s. m. enduit de plâtre sur des cloisons et des plafonds.

Ouvrage de menuiserie ou de marbre dont on recouvre les murs d'un appartement.

Lambrisser, v. act. c'est mettre un lambris.

Lampadaire, s. m. lustre garni de lampes, dont on décore les églises, les portiques, etc.

Lancis, s. m. pl. pierres plus longues que le pied-droit d'une porte, d'une croisée.

Languette, s. f. séparation de deux ou plusieurs tuyaux dans une souche de cheminée.

Languette de menuiserie, espèce de tenon réduit environ au tiers de l'épaisseur pour entrer dans une rainure.

Lanterne, s. f. espèce de petit dôme, sur un comble, pour donner du jour et servir d'amortissement.

Lanusure, s. f. pièce de plomb qui est au droit des arêtiers.

Lapis, s. m. pierre précieuse d'un bleu céleste, mêlé de points et de veines d'or.

Larmes, voy. *gouttes*.

Larmier, s. m. c'est le plus fort membre quarré d'une corniche dont le plafond est souvent creusé en canal. Les ouvriers le nomment *mouchette*. Il est aussi appelé *couronne*.

Latomie, s. f. carrière de pierres. | Excavations qui servaient de prison chez les anciens.

Latrines, s. f. pl. lieux de commodité. Voy. *aisance*.

Latte, s. f. morceau de bois de chêne refendu. | Règle mince.

Latter, v. act. c'est attacher sur un comble des lattes pour y arrêter la tuile ou l'ardoise.

Lattis, s. m. c'est un ouvrage de lattes.

Lave-main, s. m. c'est un petit réservoir d'eau qui sert à laver les mains.

Laver, v. act. c'est colorier un plan avec des couleurs détrempées avec de l'eau de gomme.

Lavis, s. m. nom qu'on donne à un dessin lavé.

Lavoir, s. m. bassin bordé de pierre avec égoût, où l'on lave le linge.

Layer, v. act. c'est tailler la pierre avec la laye, qui est un marteau bretelé.

Lazaret, s. m. c'est, dans quelques villes maritimes de la Méditerranée, un grand bâtiment hors de la ville, où font quarantaine les équipages des vaisseaux qui viennent du Levant.

Léger, adj. épithète qu'on donne à un ouvrage dont les masses sont sveltes et les constructions hardies. On appelle aussi, dans un autre sens, construction légère celle où l'on n'a employé que des matériaux légers et de peu de consistance, comme le plâtre, les planches, etc.

Levage, s. m. c'est l'élévation ou le transport du bois de l'atelier sur le tas.

Levée, s. f. élévation de pierre en forme de digue.

Levier, s. m. barre propre à soulever les fardeaux au moyen d'un point d'appui.

Lézardes, s. f. pl. On appelle ainsi les crevasses qui se font dans les murs de maçonnerie.

Liaison, s. f. c'est la manière d'arranger et de lier les briques, les moellons par enchaînement les uns avec les autres.

Liaisonner, v. act., c'est arranger des pierres en sorte que les joints des unes portent sur le milieu des autres.

Libage, s. m. gros moellon ou quartier de pierre malfait ou rustique.

Lice, s. f. nom commun et à la barrière, qui borde la carrière d'un manège, et à la carrière même où l'on fait des courses.

On appelle aussi *lice*, un garde-fou de pont de bois.

Lien, s. m. pièce de bois qui lie les poinçons avec les faîtes et les sous-faîtes.

Lien de fer, morceau de fer méplat, pour retenir quelque pièce de bois.

Lierne, s. f. pièce de bois qui sert à entretenir deux pièces de charpente.

Lierner, v. act. c'est attacher des liernes.

Liernes, s. f. pl. nervures dans les voûtes gothiques qui forment une croix.

Ligne, s. f. c'est une étendue qui n'a qu'une seule dimension. Ce mot indique aussi les divers plans horizontaux que forment les corniches, les entablemens, les acrotères, etc.

Limaçon, s. m. voûte ou escalier en — qui est en spirale.

Limande, s. f. pièce de bois plate et étroite.

Limon, s. m. rampe de pierre ou de bois qui porte les marches.

Limosinage, s. m. nom général qu'on donne à toute maçonnerie faite de moellons à bain de mortier avec paremens bruts.

Linçoirs, s. m. pl. espèce de nouletsau droit des cheminées et des lucarnes pour retenir les chevrons.

Linteau, s. m. pièce de bois qui sert à fermer le haut d'une croisée ou d'une porte sur ses pieds-droits.

Lisse, adj. épithète qu'on donne à toute partie d'architecture unie.

Listel, s. m. petite moulure quarrée, qui sert à en couronner ou accompagner une plus grande, ou à séparer les cannelures d'une colonne; on l'appelle aussi filet.

Lit, s. m. situation naturelle d'une pierre quand elle est dans la carrière.

Lit de voussoir, c'est le côté d'un voussoir caché dans les joints.

Loge, s. f. galerie ou portique formé d'arcades sans fermeture mobile.

Loge de portier, petite chambre pour le logement d'un suisse ou d'un portier.

Loges de comédie, petits cabinets qui règnent autour d'une salle de spectacle où se placent les spectateurs.

Logement, s. m. c'est la partie d'un logis qu'une personne habite.

Loger, v. act. terme de coutume, c'est bâtir sur un mur mitoyen.

Logis, s. m. c'est le bâtiment où l'on loge.

Long-pan, s. m. c'est le plus long côté d'un comble.

Longrine, s. f. pièce de bois qui retient une file de pieux.

Loquet ou *loqueteau*, s. m. pièce de fer qu'on fait mouvoir sur une platine, pour ouvrir et fermer un ventail de porte ou de croisée.

Losange, s. m. figure qui a quatre côtés égaux formant deux angles aigus et deux obtus.

Loup, *dents de loup*, s. m. pl. gros clous qui servent à attacher les poteaux des cloisons.

Lourd, adj. édifice massif, sans grace.

Louve, s. f. pièce de fer scellée dans une pierre de taille et qui sert à l'attacher pour l'enlever.

Lucarne, s. f. fenêtre de médiocre grandeur, prise dans un comble.

Lunette, s. f. baie de croisée voûtée pratiquée dans les côtés d'une voûte.

Lutrin, s. m. espèce de pupitre placé dans le chœur d'une église pour porter les antiphoniers.

Lycée, s. m. bâtiment où s'assemblent des gens de lettres, ou consacré à l'instruction.

M

Machecoulis, s. m. espèce de galerie pour aller à couvert tout autour d'un bâtiment.

On jetait de là, autrefois, des pierres pour défendre le pied de la muraille des châteaux.

Machine, s. f. engin pour faire mouvoir, élever, traîner, tailler, etc., les matériaux.

Machine hydraulique, machine qui sert à élever et à conduire les eaux.

Machiner, v. act. établir les machines d'un théâtre.

Maçon, s. m. ouvrier qui fait les constructions en pierre ou en brique liées avec du plâtre ou du mortier.

Maçonner, v. act. c'est travailler à la maçonnerie.

Maçonnerie, s. f. arrangement des matériaux avec le mortier ou autre liaison.

Madriers, s. m. pl. planches de chêne ou d'autre bois, très épaisses.

Magasin, s. m. lieu où l'on tient des outils, des marchandises.

Maigre, adj. épithète qu'on donne, en maçonnerie, à une pierre trop coupée, plus petite que l'endroit qu'elle doit remplir.

On donne encore cette épithète aux édifices ou au moulures dont les proportions sont mesquines et contre les règles généralement adoptées.

Mailler, v. act. voy. *graticuler*.

Mailles, s. f. pl. ce sont les intervalles quarrés ou en losanges, que forment des échalas, des barreaux de fer, etc.

Main, s. f. fer recourbé qui sert comme d'anse à une chose.

Mairain ou *merrain*, s. m. bois de chêne refendu en petites planches minces.

Maison, s. f. bâtiment destiné à l'habitation dans une ville où à la campagne. Pris absolument, il s'entend de la demeure d'un simple citoyen.

Malandres, s. f. pl. nœuds pourris dans le bois.

Mâle, adj. pris figurément exprime le caractère de force et de gravité.

Malfaçon, s. f. nom qu'on donne à tout défaut de matière ou de construction causé par ignorance, négligence du travail ou infidélité de l'ouvrier.

Manège, s. m. c'est un lieu couvert ou découvert où l'on dresse les chevaux et où l'on apprend à les monter.

Mangeoire, s. f. c'est dans une écurie, l'auge de bois ou de plâtre où les chevaux mangent l'avoine; on appelle sa profondeur *enfonçure*, et son bord *devanture*.

Manier à bout, v. act. c'est relever la tuile ou l'ardoise d'une couverture, et y ajouter du lattis neuf avec les tuiles qui y manquent.

Manœuvre, s. m. c'est un homme qui sert le compagnon maçon ou couvreur.

Ce mot signifie aussi dans l'art de bâtir, le mouvement libre des ouvriers et des machines, il est alors féminin.

Maniéré, adj. une architecture maniérée est celle dans laquelle on a recherché de petits effets et le luxe de petits ornemens.

Mansarde, s. f. comble composé d'une partie très roide et d'un second comble très incliné. Ce mot désigne aussi les fenêtres pratiquées dans la partie presque verticale des combles en mansarde. Ce nom vient de l'architecte Mansard, auquel on en a faussement attribué l'invention, puisque d'autres architectes, tels que l'abbé de Clugni en avaient fait usage avant lui.

Manteau de cheminée, s. m. partie de la cheminée en saillie au-dessus de l'âtre.

Mantonnets ou *mentonnets*, s. m. pl. bossages par entaille, qu'on laisse au bout des racinaux d'un pilotage, pour arrêter les plates-formes ou madriers.

Marbre, s. m. espèce de roche calcaire extrêmement dure et susceptible d'un grand poli.

Marbrier, s. m. nom qu'on donne aux ouvriers qui travaillent le marbre.

Marbrière, s. f. on nomme ainsi en quelques endroits de la France les carrières d'où l'on tire le marbre.

Marchander, v. act. c'est dans l'art de bâtir, prendre un ouvrage de l'entrepreneur pour le faire à un certain prix ; sous-marchander, c'est prendre une partie de l'ouvrage de ceux qui ont marchandé.

Marche, s. f. c'est la partie de l'escalier sur laquelle on pose le pied. On la nomme aussi *degré*.

Marché, s. m. place publique où l'on vend des denrées.

Marché d'ouvrage, s. m. c'est une convention par écrit, entre l'entrepreneur et celui qui fait bâtir, pour les prix des ouvrages.

Marche-palier, s. f. c'est la marche qui fait le bord d'un palier.

Marche-pied, s. m. petite estrade et dernière marche d'un autel ou d'un trône.

Mardelle ou plutôt *margelle*, s. f. pierre percée qui forme le bord d'un puits.

Maréchaussée, s. f. vieux terme qui signifie un amas de matériaux pour bâtir.

Marmouset, s. m. figure humaine, sans proportion et de mauvais goût.

Marqueterie, s. f. ouvrage de bois dur et précieux ou de marbre de diverses couleurs qui forment dans les compartimens diverses figures et ornemens.

Mascaron, s. m. tête de fantaisie qu'on met aux portes, aux grottes et aux fontaines.

Masque, c'est le visage d'un homme ou d'une femme, sculpté à la clef d'une arcade.

Masse, s. f. c'est l'ensemble ou la grandeur d'un édifice.

Massif, s. m. c'est le solide d'un mur.

Massif, adj. épithète qu'on donne à un ouvrage qui est trop pesant par rapport au dessin ou à la matière.

Mastic, s. m. composition dont on se sert pour attacher un corps avec un autre.

Masure, s. f. c'est un bâtiment ruiné qui ne mérite pas d'être relevé.

Matériaux, s. m. pl. ce sont toutes les matières qui entrent dans la construction d'un bâtiment.

Mausolée, s. m. magnifique monument funéraire.

Médaillon, s. m. ornement en forme de médaille, rond ou ovale, lequel contient ou une tête en bas-relief ou un sujet historique.

Médiane, adj. on appelle ainsi les colonnes du milieu d'une façade plus espacées que les autres.

Médionner, v. act. terme qui selon les experts signifie *compenser*.

Membre, s. m. nom général qu'on donne à toute partie d'architecture, comme une frise, une corniche, une moulure, etc.

Membron, s. m. baguette qui sert d'ourlet à la bavette d'un bourseau et aux ennusures d'un comble.

Membrure, s. m. pièce de bois qui sert à former les bâtis de la plus forte menuiserie.

Ménagerie, s. f. lieu et bâtiment disposé pour renfermer et nourrir divers animaux non-domestiques.

Meneaux, s. m. pl. ce sont dans les croisées, les montans et traverses de bois de pierre ou de fer, qui servent à en séparer les jours en plusieurs guichets.

Meniane, s. f. petit balcon avec jalousies, en manière de loge, pour voir dehors sans être aperçu.

Mensole, voy. *clef*.

Menuiserie, s. f. c'est l'art de travailler et d'assembler les bois pour les menus ouvrages.

Menuisier, s. m. artisan qui sait l'art de la menuiserie.

Méplat, adj. c'est une épithète qu'on donne à un corps qui a beaucoup plus de largeur que d'épaisseur.

Méridien, s. m. espèce de cadran solaire qui indique l'heure de midi.

Merlons, s. m. pl. ce sont les petits murs élevés et espacés également par des créneaux au-dessus des machecoulis.

Mesaule, s. f. c'était chez les Grecs et les Romains, une petite cour entre deux corps-de-logis.

Mesquin, adj. se dit d'une architecture ou d'un style dont les masses sont étroites et les objets petits et petitement exécutés.

Mesure, s. f. quantité prise pour unité pour proportionner une superficie ou un corps et le comparer avec un autre.

Métairie, voy. *ferme*.

Métoche, s. m. espace qui est entre les denticules d'une corniche.

Métope, s. m. c'est l'espace quarré qui est entre les triglyphes de la frise dorique.

Mètre, s. m. nouvelle mesure de longueur adaptée au système décimal. C'est la dix-millionième partie du quart du méridien terrestre ; il a 36 pouces 11 lignes et 3 points, et plus exactement 3 pieds 11 lignes ,000000441952^e^.

Mètre carré, c'est une mesure de superficie ayant un mètre de longueur et un mètre de largeur.

Mètre cube, c'est une mesure de capacité ayant un mètre de largeur, un mètre de longueur et un mètre de hauteur.

Métré, s. m. dénombrement par écrit du nombre de mètres de chaque sorte d'ouvrage qui entre dans la construction d'un bâtiment.

Meulière, s. f. c'est un moellon de roche plein de trous, mais très dur.

Meute, voy. *muette*.

Mezzanine, s. f. fenêtre aussi haute que large, et quelquefois même plus large que haute, qu'on emploie ordinairement dans les entresols ou dans les étages supérieurs d'une façade.

Mi-côte, s. f. c'est la situation d'une maison sur la moitié du penchant d'une colline.

Minaret, s. m. espèce de tourelle ronde ou à pans, fort haute et menue qui sert de clocher aux mosquées, chez les Mahométans.

Minute, s. f. partie d'un module suivant l'ordre.

Miroir, s. m. c'est dans le parement d'une pierre, une cavité causée par un gros éclat quand on la taille.

Mitoyen, adj. se dit de tout objet qui sépare deux propriétés, comme un mur, un fossé, etc.

Modèle, s. m. c'est un essai d'exécution d'un bâtiment en petit.

Modenature, s. f. a la même signification que moulure (peu usité).

Moderne, adj. épithète qu'on donne en architecture aux constructions appropriées aux sociétés modernes, mais dont les parties sont empruntées à l'architecture antique.

Modillons, s. m. pl. espèce de console qui orne et semble soutenir le larmier d'une corniche.

Module, s. m. grandeur arbitraire que l'on établit pour régler toutes les mesures de la distribution d'un bâtiment; on la prend sur le diamètre inférieur des colonnes ou des pilastres.

Moellon, s. m. c'est la moindre pierre qui provient d'une carrière.

Moie, s. f. c'est dans une pierre dure, une matière tendre, qui suit son lit de carrière et qui la fait déliter.

Moises, s. f. pl. pièces de bois qui servent à entretenir les autres pièces d'un assemblage de charpente.

Mole, s. m. c'était chez les Romains une espèce de mausolée bâti en manière de tour ronde.

Mole de port, c'est un massif de maçonnerie placé au devant d'un port pour le mettre à couvert de l'impétuosité des vagues.

Monastère, voy. *couvent*.

Monolithes, adj. monument fait d'une seule pierre.

Monoptère, adj. édifice rond sans muraille, dont la coupole est portée sur des colonnes.

Monotriglyphe, s. m. se dit d'un entrecolonnement dont la largeur ne permet que l'emploi d'un seul triglyphe entre deux colonnes.

Montans, s. m. pl. ce sont des corps en saillie aux côtés des chambranles, qui servent à terminer les corniches et les frontons qui les couronnent.

Montans de charpenterie, pièces de bois aplomb.

Montée, s. f. élévation d'un mur, d'une colonne, d'une voûte, d'un escalier, etc.

Monter, v. act. assembler des ouvrages préparés et les poser en place.

Monument, s. m. édifice ayant pour objet de perpétuer le souvenir d'un évènement mémorable ou d'un personnage illustre.

Moraillon, s. m. pièce de fer portant un anneau qui entre dans la serrure, et dans lequel passe le pène.

Morces, s. f. pl. pavés qui commencent un revers et qui forment des espèces de harpes, pour faire liaison avec les autres pavés.

Moresques, voy. *arabesques*.

Mortaise, s. f. c'est une entaille pour recevoir un tenon.

Mortier, s. m. c'est une composition de chaux et de sable broyés avec de l'eau, qui sert à liaisonner les pierres.

Mosaïque, s. f. ouvrage de rapport en marbre de diverses couleurs, en verre coloré ou en émail.

Mosquée, s. f. temple des Mahométans, destiné à l'exercice de leur religion.

Mouchette, s. f. larmier d'une corniche.

Moufle, s. f. machine qui sert dans les bâtimens à enlever les plus pesans fardeaux.

Moule, voy. *panneau*.

Mouler, v. act. c'est jeter dans des moules de plâtre ou de terre cuite, des modillons, consoles, etc.

Moulin, s. m. c'est un bâtiment qui renferme des meules mises en mouvement par le vent ou par l'eau.

Moulure, s. f. toute partie saillante quarrée ou ronde dont l'assemblage compose les corniches, etc.

Mouton, s. m. c'est dans une sonnette un billot garni de

fer qu'on lève et qu'on laisse ensuite tomber sur des pieux et des pilots pour les enfoncer.

Muette ou mieux *meute*, s. f. bâtiment avec chenils, cours, écuries, etc., dans lequel logent les équipages de chasse et les officiers de la vénerie.

Muid, s. m. ancienne mesure pour la chaux et pour le plâtre.

Mufle, s. m. ornement de sculpture qui représente la tête de quelque animal et particulièrement celle du lion.

Mur s. m. ou *muraille*, s. f. corps de maçonnerie, qui sert à renfermer un espace et à former les corps et les séparations dans les bâtimens.

Murer, v. act. c'est clore de murailles un espace, une baie de croisée, etc.

Museaux, s. m. pl. accoudoirs des hautes et basses stales du chœur d'une église.

Musée, s. m. galerie destinée à renfermer des collections d'objets d'arts.

Mutiler, v. act. c'est retrancher une partie d'un tout. On mutile une corniche, une imposte, etc., en en retranchant la saillie.

Mutules, s. f. pl. espèces de modillons quarrés dans la corniche dorique qui répond aux triglyphes.

N

Nacelle, s. f. moulure creuse ou demi-ovale qu'on appelle aussi *gorge*.

Naissance, s. f. c'est l'endroit où un corbeau, une voûte, une poutre ou quelque chose en un mot commence.

Nappe-d'eau, s. f. espèce de cascade dont l'eau tombe en forme de nappe mince.

Naumachie, s. f. vaste bassin entouré de portiques, dans lequel on donnait le spectacle d'un combat naval.

Nef, s. f. c'est dans une église, la première et la plus grande partie qui se présente, qui est destinée au peuple.

Nerfs, s. m. pl. ce sont les moulures des arcs doubleaux des croisées d'ogives et formerets, qui séparent les pendentifs des voûtes gothiques.

Nervures, s. f. pl. ce sont dans les feuillages des rinceaux d'ornement, les côtes élevées de chaque feuille.

On désigne aussi par ce mot, les moulures des voûtes gothiques.

Neuds, voy. *nœuds*.

Niche, s. f. renfoncement pris dans l'épaisseur d'un mur pour y placer une figure ou une statue.

Nicotaux, s. m. pl. morceaux de tuiles qu'on place sur les solives.

Nilles, s. f. pl. petits pitons quarrés de fer, qui retiennent les panneaux des vitraux d'églises.

Nils ou *nili*, voy. *euripes*.

Niveau, s. m. instrument qui sert à tracer une ligne parallèle à l'horizon.

Niveler, v. act. c'est avec un niveau mener une ligne ou un plan parallèle à l'horizon.

Nivellement, s. m. c'est l'opération qu'on fait avec un niveau pour reconnaître la hauteur d'un lieu à l'égard d'un autre.

Noble, adj. épithète qu'on donne à l'architecture par la justesse et le grandiose des proportions, la simplicité du plan, etc.

Nœuds, s. m. pl. ce sont des défauts dans le bois d'assemblage.

Noir, s. m. c'est la couleur la plus sombre.

Nonciation, s. f. on ajoute *de nouvel ordre;* c'est un acte par lequel on dénonce à celui qui fait élever un bâtiment, ou aux ouvriers qui y travaillent, qu'ils aient à cesser.

Noquets, s. m. pl. morceaux de plomb attachés aux jouées des lucarnes et sur les lattis des couvertures d'ardoise.

Noue, s. f. c'est l'endroit où deux combles se joignent en angle rentrant.

Noulets, s. m. pl. ce sont les petits chevrons qui forment les noues.

Noyau, s. m. c'est la maçonnerie qui sert de grossière ébauche pour former une figure de plâtre ou de stuc.

Noyau d'escalier, c'est un cylindre de pierre qui est formé par le bout des marches gironnées d'un escalier à vis.

Nu, s. m. c'est une surface qui n'est chargée d'aucune moulure, d'aucun ornement, etc.

Nymphée, s. f. c'était chez les anciens, une salle publique, superbement décorée pour faire des noces.

Ce mot désigne aussi des grottes ornées de jets-d'eau, de sièges, statues, etc.

O

Obélisque, s. m. espèce de pyramide quadrangulaire longue et étroite, qui est ordinairement d'une seule pierre.

Observatoire, s. m. bâtiment où l'on fait des observations d'astronomie.

Ocre, s. f. oxide de fer qui donne une couleur jaunâtre et rougeâtre lorsqu'il est cuit.

Octostyle, s. m. ordonnance de huit colonnes disposées sur une ligne droite.

Odéum, s. m. c'était chez les anciens un lieu destiné à la répétition des ouvrages qui devaient être représentés sur le théâtre.

Œil, s. m. nom général qu'on donne à toute fenêtre ronde. | OEil de bœuf. | OEil de dôme.

Œuvre, s. m. ce terme a plusieurs significations dans l'art de bâtir. Mettre en œuvre, c'est employer quelque matière et la poser en place. Dans œuvre et hors d'œuvre, c'est prendre des mesures du dedans et du dehors d'un bâtiment. On dit reprendre un bâtiment en sous œuvre, quand on le rebâtit par le pied. On dit qu'une galerie est hors d'œuvre, quand elle n'est attachée que par un de ses côtés à un corps-de-logis.

Œuvre d'église, s. f. c'est dans la nef d'une église un banc où s'asseoient des marguilliers.

Office, s. m. pièce près de la salle à manger où l'on renferme tout ce qui dépend du service de la table et du dessert.

Ogives, s. f. pl. nervure qui tient lieu d'archivolte aux voûtes gothiques; il est quelquefois adjectif, voûte ogive.

Okels ou *okelas*. portiques et magasins autour d'une cour, dans lesquels, en Orient, on expose en vente les esclaves, les marchandises, etc.

Olive, s. f. ornement qui se taille comme des grains oblongs, enfilés en manière de chapelet.

Opes, s. m. trous que les boulins laissent dans les murs.

Opisthodome, adj. temple qui outre la porte principale

ouverte sur le porche antérieur, avait une seconde porte sur la façade postérieure.

Or, s. m. c'est le plus précieux des métaux qui servent à décorer ou enrichir les bâtimens.

Orangerie, s. f. bâtiment qui sert, en hiver, à préserver du froid les orangers et en général toutes les plantes exotiques.

Oratoire, s. m. cabinet de retraite, accompagné ordinairement d'un petit autel et d'un prie-Dieu.

Orbe, adj. se dit d'un mur sans porte ni fenêtre.

Orchestre, s. m. c'était chez les anciens le lieu où l'on dansait, de nos jours c'est l'endroit où sont placés les musiciens dans une salle de concert, de spectacle, etc.

Ordonnance, s. f. on entend par ce terme la composition d'un bâtiment et la disposition de ses parties.

Ordre, s. m. c'est un arrangement régulier de parties saillantes, dont la colonne est la principale pour composer un bel ensemble. (Voyez la description des différens ordres, dans le *Vignole de Poche*).

Oreiller, s. m. c'est dans le chapiteau ionique la face du côté des volutes.

Oreillons, s. m. voy. *crossettes*.

Orgue, s. m. instrument de musique soutenu par une ordonnance d'architecture et de sculpture, en menuiserie, appelée buffet. La place ordinaire d'un orgue est sur un jubé ou une tribune, adossée au grand portail d'une église.

Orgueil, s. m. grosse cale de pierre ou de bois que les ouvriers mettent sous le bout d'un levier, pour servir de point d'appui.

Orienter, v. act. c'est marquer la disposition d'un bâtiment par rapport aux points cardinaux de l'horizon.

Orle, s. m. c'est un filet sous l'ove d'un chapiteau. Suivant Palladio, c'est le plinthe de la base de la colonne et du piédestal.

Orlet, s. m. petite moulure plate qui forme le couronnement de la cymaise.

Ornemaniste, s. m. artiste qui peint, ou modèle des ornemens.

Ornement, s. m. nom général qu'on donne à la sculpture qui décore l'architecture.

Orthographie, s. f. élévation géométrale d'un bâtiment, sans égard aux diminutions de la perspective (peu usité).

Outil, s. m. c'est tout instrument qui sert à l'exécution manuelle des ouvrages.

Ouverture, s. f. c'est un vide ou une baie dans un mur qu'on fait pour servir de passage ou donner du jour.

Ouvrage, s. m. c'est ce qui est produit par l'ouvrier et qui reste après son travail.

Ouvrier, s. m. homme qui travaille aux ouvrages d'un bâtiment.

Ouvroir, s. m. lieu séparé où les ouvriers sont employés à une même espèce de travail. C'est aussi dans une communauté de filles, une salle dans laquelle elles s'occupent à des exercices convenables à leur sexe.

Ove, s. m. moulure ronde dont le profil est ordinairement fait d'un quart de cercle. Il se dit aussi de l'ornement qui a la forme d'un œuf et dont on use surtout pour la moulure en quart de rond.

Ovicule, s. m. c'est un petit ove.

P

Pagode, s. f. nom général qu'on donne aux temples des

Indiens et des idolâtres. Ce mot désigne aussi les idoles de ces temples.

Palais, s. m. bâtiment magnifique propre à loger un roi ou un prince.

Palençons, s. m. pl. morceaux de bois qui retiennent les torchis.

Pal-planche, s. f. dosse affûtée par un bout pour être pilotée et entretenir une fondation, un batardeau.

Palastre, s. f. pièce de fer qui couvre toutes les garnitures d'une serrure.

Palée, s. f. rang de pieux employés dans leur grosseur, qui servent de pile pour porter les travées d'un pont de bois.

Palestre, s. f. lieu public chez les anciens où la jeunesse s'occupait aux exercices de l'esprit et à ceux du corps.

Palier ou *repos*, s. m. c'est un espace ou une sorte de grande marche entre les rampes et aux tournans d'un escalier.

Palification, s. f. c'est l'action de fortifier un sol avec des pilots.

Palissade, s. f. espèce de barrière de pieux fichés en terre à claire-voie.

Palisser, v. act. c'est disposer les branches des arbres contre un mur.

Palme, s. m. mesure dont on fait encore usage en certains lieux, notamment en Italie.

Palme, s. f. terme de décoration. Branche de palmier qui entre dans les ornemens d'architecture.

Palmettes, s. f. pl. petits ornemens en manière de feuille de palmier, qui se taillent sur quelques moulures.

Pampre, s. m. ornement en manière de cep de vigne.

Pan, s. m. c'est le côté d'une figure rectiligne, régulière ou irrégulière ; le plus souvent tout un côté de mur, de comble.

Pan de bois, s. m. assemblage de charpente dont les panneaux sont remplis de maçonnerie et qui fait l'office d'une muraille.

Panache, s. f. portion de voûte sphérique, en trompe, prenant naissance au-dessus du pied-droit angulaire commun à deux arcades en retour l'une de l'autre.

Paneterie, s. f. c'est le lieu où l'on distribue le pain.

Panne, s. f. pièce de bois qui sert à soutenir les chevrons d'un comble.

Panneau, s. m. c'est l'une des faces d'une pierre taillée. Ce mot indique aussi tout champ de bois ou de maçonnerie enfermé dans un encadrement quelconque.

Pannonceau, voy. *girouette*.

Papeterie, s. f. bâtiment où l'on fabrique le papier.

Parallèle, adj. épithète qu'on donne à des lignes, des figures et des corps, qui étant prolongés, sont toujours à égale distance.

Parapet, s. m. petit mur qui sert d'appui et de garde-fou à un quai, à un pont, à une terrasse, etc.

Parastate, s. m. voy. *Ante*.

Paratonnerre, s. m. aiguille métallique qu'on place sur les édifices pour les garantir de la foudre.

Parc, s. m. grand clos ceint de murs ou de palissades, où l'on enferme du gibier. On donne aussi ce nom à un vaste et beau jardin.

Parcloses, voy. *formes d'église*.

Parement, s. m. c'est ce qui paraît d'une pierre ou d'un mur au dehors.

Parloir, s. m. lieu où on se réunit pour converser.

Parpain, adj. on dit qu'une pierre parpaigne, pour dire une pierre qui tient toute l'épaisseur d'un mur.

Parquet, s. m. assemblage de menuiserie composé de chassis et de traverses, dont les vides sont remplis par des carreaux aussi en bois.

Parqueter, v. act. c'est couvrir de parquet un plancher.

Parterre, s. m. c'est la partie découverte d'un jardin, au devant d'une maison, divisée par compartimens différens ou de gazon.

Parvis, s. m. c'est la place qui est devant la principale face d'une grande église.

Pas, s. m. pl. petites entailles pour recevoir les pieds des chevrons.

Pas, s. m. pierre qu'on met au bas d'une porte entre ses tableaux. Les pas diffèrent du seuil en ce qu'ils avancent au-delà du nu du mur en manière de marche.

Passage, s. m. allée différente du corridor en ce qu'elle n'est pas si longue.

Patenôtres, s. m. pl. petits grains en forme de perles rondes ou ovales qu'on taille sur les baguettes.

Patère, s. f. petit plat qui servait aux sacrifices des anciens.

On donne aussi ce nom à un ornement en usage depuis peu de temps, qui sert à relever les draperies d'un lit, d'une croisée, etc.

Patin, s. m. pièce de bois posée de niveau sur le parpain d'échiffre d'un escalier.

Patte, s. f. petit morceau de fer plat fendu ou pointu, qui sert à retenir les placards et les chambranles des portes, etc.

Pattes, s. f. pl. on donne ce nom à des ornemens moulés dont on décore l'intérieur des appartemens.

Patte-d'oie, s. f. division de trois allées qui viennent aboutir à un même endroit.

Pauvre, adj. épithète qu'on donne à un monument qui manque de grandeur, de richesse.

Pavé, s. m. ce mot a deux significations ; d'abord c'est l'aire pavée sur laquelle on marche, et en second lieu la matière qui l'affermit, comme le caillou, le grès, la pierre dure, etc.

Pavement, s. m. l'action de paver et l'espace pavé en compartiment de carreau.

Paver, v. act. c'est asseoir le pavé, le dresser et le battre avec la demoiselle.

Paveur, s. m. celui qui taille et asseoit le pavé.

Pavillon, s. m. c'est un bâtiment ordinairement isolé et de figure quarrée, couvert d'un seul comble. C'est aussi, dans une façade, un avant corps qui en marque le milieu ou qui flanque une encoignure.

Peinture, s. f. c'est un des arts libéraux, qui contribue, dans les bâtimens, à la décoration, à la richesse.

Pendentif, s. m. portion de voûte entre les arcs d'un dôme, qu'on nomme aussi fourche ou panache, et qu'on orne de sculpture.

Pène, s. m. morceau de fer, dans une serrure, qui ferme la porte, et que la clef fait aller et venir.

Pentatisque, s. m. c'est une composition d'architecture à cinq rangs de colonnes.

Pente, s. f. inclinaison plus ou moins forte qu'on donne à un terrain ou à un ouvrage quelconque.

Penture, s. f. bande de fer qui entre dans un gond, et qui sert à faire mouvoir une porte, un contrevent.

Peperin, s. m. espèce de tuf.

Percé, adj. épithète qu'on donne aux ouvertures qui distribuent les jours d'une bâtiment.

Percement, s. m. nom général qu'on donne à toute ouverture faite après coup.

Perches, s. f. pl. piliers ronds, minces, réunis en faisceau dans l'architecture gothique.

Péridrôme, s. m. espace formant galerie entre les colonnes et le mur d'un périptère.

Périptère, s. m. bâtiment environné, en son pourtour extérieur, de colonnes isolées.

Péristyle, s. m. lieu environné de colonnes isolées en son pourtour intérieur (c'est par là qu'il diffère du périptère.)

On entend encore par péristyle, un rang de colonnes qui se détache en avant d'un édifice.

Perré, s. m. revêtement d'un talus exécuté en pierres sèches, c'est-à-dire sans mortier.

Perrière, voy. *carrière*.

Perron, s. m. lieu élevé devant une maison où il faut monter plusieurs marches de pierre.

Persan, s. m. c'est le nom qu'on donne à des statues humaines, qui portent des entablemens, d'où on a formé l'ordre persique.

Perspective, s. f. représentation d'un édifice tel qu'il se peindrait dans notre œil après son exécution.

Peupler, v. act. c'est, en charpenterie, garnir un vide de pièces de bois espacées à égale distance.

Phare, s. m. tour haute et menue, au bout d'un môle, ou avancée en mer sur quelque écueil, et où on entretient des feux pendant la nuit pour guider les vaisseaux.

Pic (à-pic), expression adverbiale qui veut dire verticalement.

Pièce, s. f. nom général qu'on donne aux lieux dont un appartement est composé.

Pied, s. m. mesure prise sur la longueur du pied humain.

Pied de fontaine, s. m. espèce de gros balustre qui sert à porter une coupe, un bassin de fontaine.

Pied de biche, s. m. barre de fer dont un bout est attaché dans un mur, et dont l'autre avance ou recule dans les dents d'une crémaillère, sur un guichet de porte, pour empêcher qu'il ne soit forcé.

Pied de mur, c'est la partie inférieure d'un mur.

Pied-droit, s. m. c'est la partie du trumeau qui comprend le bandeau, le tableau, la feuillure, l'embrasure et l'écoinçon. | Pilier quarré servant de support à une arcade.

Piédestal, s. m. c'est un corps quarré avec base et corniche, qui porte la colonne, et qui lui sert de soubassement.

Piédouche, s. m. c'est une petite base en adoucissement, qui sert à porter un buste ou une petite figure.

Pierre, s. f. corps dur qui se forme dans la terre, et dont on se sert pour la construction des bâtimens.

Pierrée, s. f. canal souterrain, souvent construit à pierres sèches, qui sert à conduire les eaux des fontaines, des cours et des combles.

Pieu, s. m. grosse pièce de bois qu'on aiguise par un bout et qu'on enfonce dans la terre.

Pigeon, voy. *épigeonner*.

Pignon, s. m. c'est la partie trianglaire d'un mur qui se termine en pointe, et où vient finir le comble.

Pilastre, s. m. colone quarrée à laquelle on donne la même mesure, le même chapiteau, la même base et les mêmes ornemens qu'aux autres colonnes.

Pile, s. f. massif de maçonnerie, qui sépare et porte les arches d'un pont.

Pilier, s. m. sorte de colonne ronde ou quarrée, sans proportion, qui sert à soutenir quelque partie d'édifice.

Pilot ou *pilotis*, s. m. pièce de bois de chêne employée de sa grosseur, armée d'un fer pointu qu'on enfonce en terre pour affermir un terrain.

Pilotage, s. m. c'est dans l'eau ou sur un terrain de mauvaise consistance, un espace peuplé de pilots, sur lesquels on fonde.

Piloter, v. act. faire un pilotage.

Piquer, v. act. c'est, en maçonnerie, rustiquer les paremens ou les lits d'une pierre.

Piquets, s. m. pl. petits morceaux de bois pointus qu'on enfonce dans la terre pour tendre des cordeaux.

Piqueur, s. m. c'est, dans un atelier, un homme préposé par l'entrepreneur pour veiller à l'emploi du temps, marquer les journées des ouvriers, etc.

Piramide ou *pyramide*, s. f. c'est un monument qui a la forme du solide nommé pyramide, et qu'on élève pour quelque évènement.

Piscine, s. f. grand bassin rempli d'eau où l'on se baigne. Ce mot vient de *piscis*, poisson, parce que les hommes imitent les poissons en nageant, et qu'on en conservait quelques-uns dans les piscines.

Pisé, s. m. construction en terre rendue compacte par une forte pression.

Pivot, s. m. morceau de fer qui fait tourner un vantail quelconque.

Placage, s. m. espèce de menuiserie qui consiste à plaquer des morceaux de bois précieux sur un assemblage de menuiserie commune.

Placard, s. m. décoration d'une porte d'appartement. | Armoire pratiquée dans l'épaisseur du mur.

Place, s. f. espace vide dans une ville, entouré de bâtimens et servant de dégagement aux rues.

Plafond, s. m. c'est le dessous d'un plancher.

Plafonner, v. act. c'est revêtir le dessous d'un plancher de lattis et de plâtre.

Plain-pied, s. m. c'est un niveau parfait, ou un niveau de pente sans pas ni ressauts. Se dit aussi des pièces d'un appartement qui sont sur un même plan.

Plan, s. f. c'est la représentation horizontale de la position des corps solides qui composent les parties d'un bâtiment, pour en connaître la distribution. Pris dans son acception géométrique, le mot plan signifie une surface sur laquelle on peut tracer en tout sens des lignes droites.

Planche, s. f. voy. *ais*.

Plancher, s. m. épaisseur faite de solives et de planches, qui sépare les étages d'une maison.

Plancheyer, v. act. c'est couvrir un plancher d'ais joints à rainure et languette, et cloués sur des lambourdes.

Plaque, voy. *contre-cœur*.

Plaquer, v. act. faire un placage.

Plaquis, s. m. espèce d'incrustation d'un morceau mince de pierre ou de marbre.

Plate-bande, s. f. moulure quarrée, plus haute que saillante. On appelle aussi voûte en plate-bande celle qui n'a pas de courbure.

Platée, s. f., massif de fondement qui comprend toute l'étendue d'un édifice.

Plate-forme, s. f. espèce de terrasse horizontale dont on couronne les édifices. | Assemblage de charpente sur lequel on établit les fondations.

Platine, s. f. petite plaque de fer sur laquelle est attaché un verrou, une targette.

Platras, s. m. pl. morceaux de plâtre qu'on tire des démolitions et dont on se sert souvent dans la reconstruction.

Plâtre, s. m. pierre particulière (*sulfate de chaux*), cuite et mise en poudre, qu'on emploie gâchée, aux ouvrages de maçonnerie.

Plâtrière, s. f. nom commun, et à la carrière d'où l'on tire la pierre de plâtre et au lieu où on la cuit dans les fours.

Plein, adj. on dit le plein d'un mur, pour en exprimer le massif; voy. *vide*.

Pli, s. m. c'est l'effet contraire du coude dans la continuité d'un mur; voy. *coude*.

Plinthe, s. m. moulure quarrée qu'on emploie aux bases d'une colonne, d'un piédestal, etc.

Plomb, s. m. métal ductile qui sert, dans les bâtimens, pour les couvertures, les terrasses, les gouttières, les scellemens.

Plomber, v. act. c'est juger par un plomb, de la situation, soit verticale, soit inclinée d'un ouvrage.

Plumée, s. f. faire une plumée, c'est dresser à la règle les bords du parement d'une pierre pour la dégauchir.

Poële, s. m. grand fourneau de terre ou de métal, qui sert à échauffer une chambre, sans qu'on voie le feu.

Pœstum, adj. ordre d'architecture du genre dorique, qui a été trouvé dans les ruines de l'ancienne ville de Pœstum.

Poinçon, s. m. ou *aiguille*, s. f. c'est la pièce de bois debout, où sont assemblés les arbalêtriers et le faîte d'une ferme.

Point, s. m. c'est ce qui n'a point d'étendue, ou, si l'on peut parler ainsi, le commencement de l'étendue.

Point d'appui, voy. *orgueil*.

Pointal, s. m. c'est toute pièce de bois qui sert d'étaie aux poutres qui menacent ruine.

Pointe de pavé, c'est la jonction, en manière de fourche, des deux ruisseaux d'une chaussée en un ruisseau, entre deux revers de pavé.

Pointer, v. act. on dit pointer une pièce de trait; c'est, sur un dessin de coupe de pierre, rapporter avec le compas le plan ou le profil au développement des panneaux.

Pointes, s. f. pl. clous longs et déliés.

Poitrail, s. m. grosse pièce de bois destinée à porter, sur des pieds-droits ou jambes étrières, un mur de face.

Pomme de pin, s. f. ornement de sculpture qui ressemble à une véritable pomme de pin.

Pommette, s. f. petit ouvrage de serrurerie servant d'amortissement.

Ponceau, s. m. petit pont d'une arche.

Pont, s. m. construction sur laquelle on traverse un fleuve ou une rivière.

Porcelaine, s. f. terre fine, blanche et transparente, dont on fait des vases et des carreaux de diverses formes.

Porche, s. m. disposition de colonnes isolées ou de piliers, ordinairement couronnés d'un fronton, qui forme un lieu couvert devant un temple, un palais ou une église.

Porphyre, s. m. marbre précieux qui est plus dur que tous les autres marbres.

Port, s. m. lieu pour mettre les vaisseaux à l'abri des tempêtes, et où ils viennent aborder.

Portail, s. m. c'est la décoration d'architecture de la façade d'une église. On appelle encore portail, la grande ou maîtresse porte d'un palais, d'un château.

Porte, s. f. c'est l'ouverture d'un mur pour servir d'entrée ; c'est aussi l'assemblage de menuiserie qui ferme cette ouverture.

Porte d'écluse, s. f. c'est une grande clôture de bois qui arrête l'eau dans les écluses.

Portée, s. f. on dit d'une architrave, d'une plate-bande, d'une pièce de bois, etc., qu'elle a *tant* de portée, pour exprimer sa longueur.

Porter, v. act. on dit qu'une pièce de bois ou qu'une pierre porte *tant* de longueur et de grosseur.

Porter de fond, c'est porter aplomb et par empatement dès le rez-de-chaussée.

Porter à cru, on dit qu'un corps porte à cru, lorsqu'il est sans empattement ou retraite.

Porter à faux, c'est porter en saillie et par encorbellement.

Portique, s. m. galerie avec arcades où l'on se promène à couvert, qui est ordinairement voûtée et publique.

Poser, v. act. c'est mettre une pierre ou une pièce de bois en place et à demeure.

Poseur, s. m. c'est le nom qu'on donne à l'ouvrier qui met la pierre en place ; contre-poseur est celui qui aide le poseur.

Position, s. f. situation d'un bâtiment relativement aux points de l'horizon.

Postes, s. m. pl. ornemens de sculpture plate, en manière d'enroulemens, ainsi nommés, parce qu'ils semblent courir l'un après l'autre.

Postiche, adj. épithète qu'on donne à toute partie de construction qui est ajoutée après-coup.

Post-scenium, s. m. partie des théâtres antiques où les acteurs attendaient le moment de paraître.

Potager, s. m. c'est, dans une cuisine, une table de maçonnerie où il y a des réchauds scellés.

Potager, jardin à légumes.

Poteau, s. m. toute pièce de bois posée debout.

Poteau cornier, maîtresse pièce des côtés d'un pan de bois.

Poteaux d'écurie, s. m. pl. morceaux de bois enfoncés dans la terre, servant à séparer les places des chevaux dans les écuries.

Potelets, s. m. pl. petits poteaux qui garnissent les pans de bois.

Potence, s. f. assemblage de trois pièces de bois ou de fer pour supporter ou suspendre quelque chose.

Pouce, s. m. douzième partie du pied, laquelle se divise aussi en douze parties qu'on appelle lignes.

Pouce d'eau ou de *fontainier*, c'est une quantité d'eau courante qui passe continuellement par une ouverture ronde d'un pouce de diamètre, avec une ligne de pression.

Pouf, terme indéclinable. On dit qu'une pierre ou qu'un marbre est *pouf*, lorsqu'il s'égrène sous l'outil.

Poulailler, s. m. lieu où vont se jucher les poules.

Poulie, s. f. machine composée d'une petite roue suspendue, sur laquelle passe une corde et qui sert à élever les matériaux.

Pourtour, s. m. mot dont les ouvriers se servent pour exprimer circuit.

Poussée, s. f. effort que fait le poids d'une voûte contre les murs sur lesquels elle est bâtie. C'est aussi l'effort que font les terres d'un quai ou d'une terrasse, etc.

Pousser, v. act. on dit qu'un mur pousse au vide, lorsqu'il boucle.

En menuiserie on entend par ce mot travailler des moulures à la main.

Poussier, s. m. c'est la poudre des recoupes des pierres.

Poutre, s. f. c'est la plus grosse pièce de bois qui entre dans un bâtiment, et qui soutient les travées des planchers.

Poutrelle, s. f. petite poutre qui sert à porter un médiocre plancher.

Pozzolane, *Pouzzolane* ou *Poussolane*, s. f. terre rougeâtre volcanique, qui tient lieu de sable, et qui, mêlée avec la chaux, fait un mortier qui durcit à l'eau.

Pratique, s. f. c'est l'opération manuelle dans l'exercice de l'art de bâtir.

Pratiquer, v. act. disposer les pièces, les issues, etc., avec économie et intelligence.

Préau, s. m. cour spacieuse comme celle d'une prison, où il croît librement du gazon.

Presbytère, s. m. maison où demeure le curé d'une paroisse.

Présenter, v. act. poser une pièce de bois, une barre de fer, ou toute autre chose, pour connaître si elle conviendra à la place où elle est destinée.

Prétoire, s. m. palais où le préteur ou magistrat logeait et rendait la justice.

Prison, s. f. lieu où l'on enferme les débiteurs et les criminels.

Prison des vents ou *palais d'Éole*, c'est un lieu souterrain, où les vents frais étant conservés, communiquent dans les salles, pour les rendre fraîches pendant l'été.

Privé, voy. *aisance*.

Profil, s. m. c'est le contour d'un membre d'architecture, comme d'une base, d'une corniche, etc.

Profil de terre, c'est la section d'une étendue de terre en longueur ou en largeur.

Profiler, v. act. c'est dessiner à la règle, au compas ou à la main, un membre d'architecture.

Projecture, voy. *saillie*.

Projet, s. m. c'est une esquisse de la distribution d'un bâtiment.

Promenoir, s. m. terme général qui signifie un lieu couvert ou découvert pour s'y promener.

Pronaos, s. m. c'était, dans les anciens temps, le porche compris entre les antes sous le toit commun, soutenu dans cette partie par des colonnes.

Proportion, s. f. c'est la justesse du rapport des membres de chaque partie d'un bâtiment.

Propylées, s. m. a la même signification que pronaos. On a conservé ce nom à l'entrée qui reste aujourd'hui de la citadelle ou acropole d'Athènes.

Proscenium, s. m. espace des théâtres antiques sur lequel les acteurs venaient déclamer.

Prostyle, s. m. édifice qui n'a des colonnes qu'à sa partie antérieure.

Prytanée, s. m. c'était, dans Athènes, un bâtiment considérable où le sénat s'assemblait.

Pseudo-diptère, s. m. édifice ayant huit colonnes de front et un seul rang de colonnes tout autour.

Pseudo-périptère, s. m. faux périptère: édifice dont les colonnes qui l'entourent sont engagées dans les murs.

Puisard, s. m. construction souterraine pour recevoir les eaux.

Puits, s. m. trou profond, fouillé au-dessous de la surface des eaux souterraines, et revêtu de maçonnerie.

Pureau ou *échantillon*, s. m. c'est ce qui paraît à découvert d'une ardoise ou d'une tuile mise en œuvre.

Purgeoirs, s. m. pl. bassins où l'eau des sources passe pour se purifier, avant que d'entrer dans les tuyaux.

Pycnostyle, s. m. c'est le moindre entrecolonnement, qui est de trois modules.

Pyramide, voy. *piramide*.

Pylone, s. m. ensemble des constructions qui forment l'entrée des temples égyptiens.

Q

Quadre, s. m. nom général qu'on donne à toute bordure quarrée.

Quarderonner, v. act. c'est rabattre les arêtes d'une poutre, d'une solive, etc., en y poussant un quart de rond.

Quarré, voy. *listels*.

Quart de rond, s. m. moulure dont le profil décrit un quart de cercle.

Quartier de vis suspendue, portion d'escalier à vis suspendue, pour raccorder deux appartemens qui ne sont pas de plain-pied.

Quartier de voie, grosses pierres dont une ou deux font la charge d'une charrette attelée de quatre chevaux.

Quartier tournant, c'est, dans un escalier, un nombre de marches d'angles, qui, par leur collet, tiennent au noyau.

Quai, s. m. mur en talus, élevé au bord d'une rivière, pour retenir les terres, et empêcher les débordemens.

Queue, s. f. ou *cul-de-lampe*, s. m. se dit dans le même sens que clef de voûte pendante.

Queue d'aronde, *d'hironde ou d'hirondelle*, manière de tailler le bois ou de limer le fer, en l'élargissant par le bout pour l'emboîter, le joindre.

Queue de paon, on nomme ainsi tous les compartimens qui, dans les figures circulaires, vont en s'élargissant depuis le centre juqu'à la circonférence.

Quinconge ou *quinconce*, s. m. plantation d'arbres parallèles, qui présentent des lignes droites dans tous les sens.

R

Rabot, s. m. outil pour aplanir le bois. | Sorte de liais rustique dont on se sert pour paver certains lieux.

Raccordement, s. m. c'est la réunion de deux corps à un même niveau ou à une même superficie, ou d'un vieux ouvrage avec un neuf.

Raccorder, v. act. c'est faire un raccordement.

Racheter, v. act. c'est corriger un biais par une figure régulière. Ce mot signifie encore, dans la coupe des pierres, joindre par raccordement deux voûtes de différentes espèces.

Racinaux, s. m. pl. pièces de bois arrêtées sur des pilotis, et sur lesquelles on pose les madriers.

Racinaux de comble, espèce de corbeaux de bois, qui portent le pied d'une ferme.

Racinaux d'écurie, petits poteaux qui servent à porter la mangeoire des chevaux.

Radier, s. m. c'est l'espace entre les piles et les culées d'un pont.

On appelle aussi radier le plancher d'une écluse.

Ragréer, v. act. c'est après qu'un bâtiment est fait, repasser le marteau et le fer aux paremens de ses murs pour les rendre unis. On dit aussi faire un ragrément pour ragréer.

Rainure, s. f. petit canal fait sur l'épaisseur d'une planche pour recevoir une languette.

Rais de chœur, s. m. ornement accompagné de feuilles d'eau qui se taille sur les talons.

Rallongement d'arêtier, voy. *reculement.*

Rampant, adj. épithète qu'on donne à tout ce qui n'est pas de niveau et qui a de la pente.

Rampe d'escalier, s. f. nom commun et à une suite de degrés entre deux paliers et à leur balustrade à hauteur d'appui.

Ramper, v. passif. c'est pencher suivant une pente donnée.

Rancher, voy. *échelier*

Rapport, s. m. ouvrage de rapport composé de parties artistement assemblées.

Ratelier, s. m. espèce de balustrade où l'on met le foin pour les chevaux.

Ravalement, s. m. travail par lequel on met la dernière main à un édifice.

Ravaler, v. act. c'est faire un ravalement.

Rechampir, v. act. détacher des ornemens sur un fonds d'une autre couleur.

Recherche de couverture, s. f. c'est la réparation d'une couverture.

Rechercher, v. act. réparer avec divers outils, les ornemens d'architecture.

Récipiangle, s. m. voy. *sauterelle*.

Recoupemens, s. m. pl. retraites fort larges faites à chaque assise de pierre, à des ouvrages construits sur un terrain en pente.

Recoupes, s. f. pl. on appelle ainsi ce qu'on abat des pierres qu'on taille pour les équarrir.

Recouvrement, s m. se dit des matériaux posés de manière à ce qu'une partie soit recouverte par la rangée suivante. Tuiles, ardoises à recouvrement.

Recrépissage, s. m. crépir de nouveau.

Recueillir, v. act. c'est raccorder une reprise par sous œuvre, avec ce qui est au-dessus.

Reculement ou *rallongement d'arêtier*, s. m. c'est la ligne diagonale depuis le poinçon d'une croupe jusqu'au pied de l'arêtier qui porte sur l'encoignure de l'entablement. On le nomme aussi trait rameneret.

Redens, s. m. pl. ce sont, dans la construction d'un mur sur un terrain en pente, plusieurs ressauts de niveau.

Réduire, v. act. on ajoute un dessin. C'est faire la copie d'un dessin d'architecture, plus ou moins grande que l'original.

Réédifier, v. act. rebâtir un édifice.

Réfection, s. f. c'est une grosse réparation qu'une malfaçon oblige de faire.

Réfectoire, s. m. grande salle où l'on mange en communauté.

Refend, s. m. rainures qui marquent les assises des pierres. On appelle murs de refend, ceux qui partagent les appartemens, et soutiennent les planches à l'intérieur.

Refendre, v. act. débiter avec la scie.

Refeuiller, v. act. faire deux feuillures en recouvrement, pour loger un dormant.

Reflet, s. m. c'est dans les dessins d'architecture, une demi-teinte claire.

Refuite, s. f. c'est l'excès de profondeur d'une mortaise, d'un trou de boulin, etc.

Refus, s. m. on dit qu'un pieux ou qu'un pilot est enfoncé au refus du mouton, lorsqu'il ne peut entrer plus avant.

Regain, s. m. il y a du regain à une pierre, à une pièce de bois, etc., lorsqu'elle est plus longue qu'il ne faut pour la place à laquelle elle est destinée.

Régalement, s. m. c'est la réduction d'une aire, à un même niveau, ou à sa pente.

Régaler ou *applanir*, v. act. mettre à niveau ou selon une pente réglée le terrain qu'on veut dresser. On appelle régaleurs, ceux qui étendent la terre.

Regard, s. m. ouverture pratiquée dans la voûte d'un aqueduc, pour y entrer.

Régle, s. f. instrument de bois dur, mince et étroit.

Réglé, adj. on dit qu'une pièce de trait est réglée, quand elle est droite par son profil.

Réglet, s. m. petite moulure plate et étroite.

Régner, v. act. on se sert de ce terme pour exprimer qu'une même chose, comme une corniche, une imposte, etc., est continuée dans l'étendue d'un bâtiment.

Regratter, v. act. c'est emporter avec le marteau la superficie d'un vieux mur de pierre de taille, pour le blanchir.

Régulier, adj. se dit de ce qui est symétrique et conforme aux règles de l'art.

Reins de voûte, s. m. pl. c'est la maçonnerie qui remplit l'extrados d'une voûte jusqu'à son couronnement.

Rejointoyer, v. act. c'est remplir les joints d'un vieux bâtiment.

Relief, s. m. c'est la saillie de tout ornement sur le fond ou le nu du mur.

Remanier à bout, voy. *manier à bout*.

Remblai, s. m. travail de terres rapportées.

Remenée, s. f. petite voûte, au-dessus de l'embrasure d'une porte ou d'une croisée.

Remise, s. f. lieu où l'on met à couvert les carrosses et autres voitures.

Remplage, s. m. maçonnerie des reins d'une voûte.

Remplissage, voy. *garni*.

Renard, s. m. fissure à un tuyau de conduite. | Mur orbe décoré par symétrie comme le mur opposé.

Renflement de colonne, s. m. augmentation au tiers de la hauteur du fût d'une colonne. Voy. *diminution*.

Renfoncement, s. m. parement enfoncé au dedans du nu d'un mur.

Renformir ou renformer, v. act. réparer un vieux mur.

Renformis, s. m. réparation d'un vieux mur.

Réparation, s. f. restauration nécessaire pour l'entretien d'un bâtiment.

Réparer, v. act. emporter avec le ciseau les superfétations qui se rencontrent aux joints d'un morceau de sculpture.

Repère, s. m. c'est une marque qu'on fait sur un mur, sur un terrain avec des jalons pour donner un alignement, arrêter une mesure de certaine distance. etc.

Repos, voy. *palier*.

Reposoir, s. m. décoration d'architecture feinte, qui renferme un autel pour les prossessions de la fête-Dieu.

Repous, s. m. sorte de mortier, fait de petits platras.

Reprise, s. f. c'est toute sorte de refection de mur, pilier, etc., faite en sous-œuvre.

Reséper ou *recéper*, v. act. couper la tête d'un pieu, ou d'un pilot sous l'eau.

Réservoir, s. m. bassin où l'on réserve les eaux.

Ressaut, s. m. c'est l'effet d'un corps qui avance ou recule plus qu'un autre.

Restauration, s. f. c'est la réfection de toutes les parties d'un bâtiment dégradé.

Restaurer, v. act. c'est rétablir un bâtiment et le remettre en son premier état.

Rétable, s. m. décoration d'un autel.

Retombée, s. f. on appelle ainsi chaque assise de pierre qu'on érige sur le coussinet d'une voûte, et qui par leur pose peuvent subsister sans cintre.

Retondre, v. act. couper du haut d'un mur ce qui est ruiné.

Retour, s. m. c'est le profil que fait un entablement ou toute autre partie d'architecture, dans un avant-corps.

Retour d'équerre, encoignure en angle droit.

Retraite, s. f. c'est la diminution d'un mur.

Revers de pavé, s. m. c'est l'un des côtés en pente du pavé d'une rue.

Reverseau, s. m. pièce de bois attachée au bas du châssis d'une porte croisée, qui empêche que l'eau n'entre dans la feuillure.

Revêtir, v. act. recouvrir un corps quelconque de murs, lambris, etc.

Rez-de-chaussée, s. m. c'est la superficie de tout lieu, considérée au niveau du sol.

Rez-mur, s. m. nu d'un mur dans œuvre.

Rez-terre, s. m. superficie de terre sans ressauts ni degrés.

Riche, adj. se dit d'un bâtiment abondant en combinaisons heureuses, en accessoires élégans et en ornemens de bon goût.

Rigole, s. f. ouverture fouillée en terre pour conduire l'eau.

Rinceau, s. m. ornement composé de feuilles qui se roulent en volute.

Ripe, s. f. grattoir en fer pour travailler la pierre.

Rocaille, s. f composition d'architecture rustique, qui imite les rochers naturels.

Roche, s. f. c'est la pierre la plus rustique et la moins propre à être taillée.

Rond d'eau, s. m. grand bassin d'eau, de figure ronde.

Rond point, partie circulaire au fond d'une basilique.

Rosace ou *roson*, s. m. grande rose, susceptible de différentes figures, dont on orne les voûtes, plafonds, etc.

Rose, s. f. ornement taillé dans les caisses qui sont entre les modillons et dans le milieu des chapiteaux corinthien et composite.

Roseaux, s. m. pl. ornemens en forme de cannes, dont on remplit jusqu'au tiers les cannelures des colonnes rudentées

Rossignol, s. m. coin de bois qu'on met dans les mortaises qui sont trop longues.

Rotie, s. f. exhaussement sur un mur de clôture mitoyen, de la demi-épaisseur de ce mur.

Rotonde, s. f. bâtiment rond en dedans et en dehors.

Rouet, s. m. assemblage circulaire de charpente sur lequel on pose la première assise d'un puits.

Rouleau, s. m. espèce de cilindre de bois, qui sert à mouvoir les plus pesants fardeaux. | Volute d'une console.

Roulons s. m. pl. barreaux ou échelons d'un ratelier d'écurie, faits au tour.

Ruban, s. m. ornement qui imite un ruban tortillé.

Rudenture, s. f. moulure en forme de bâton, unie ou sculptée, dont on remplit jusqu'au tiers les cannelures d'une colonne, qu'on appelle alors, cannelures rudentées.

Rudération, s. f. Vitruve nomme ainsi la maçonnerie la plus grossière, que les maçons appellent hourdage.

Rue, s. f. chemin bordé de maisons ou de murs.

Ruelle, s. f. petite rue. | Espace qui est dans une chambre, entre le lit et le mur.

Ruilée, s. f. enduit de plâtre ou mortier, que les couvreurs mettent sur les tuiles ou ardoises.

Ruiner, v. act. entailler les côtés des solives, pour tenir les plâtras et la maçonnerie dont on remplit ensuite l'entre-deux.

Ruines, s. f. pl. ce sont les débris de bâtimens considérables, détruits par le temps.

Ruinure, s. f. entaille faite aux côtés des solives, pour retenir la maçonnerie dans un pan de bois.

Ruisseau. s. m. endroit où deux revers de pavé se joignent, et qui sert pour l'écoulement des eaux.

Rustique, adj. épithète qu'on donne à la manière de bâtir, dans l'imitation plutôt de la nature que de l'art.

Rustiquer, v. act. c'est piquer une pierre entre les ciselures relevées.

S

Sable, s. m. terre légère sans consistance qu'on mêle avec de la chaux pour faire du mortier.

Sablière, s. f. pièce de bois horizontale, pour porter un pan de bois, une cloison, etc.

Sablières, voy. *plate-formes*.

Sablonnière, s. f. lieu d'où l'on tire le sable.

Sacome, s. m. profil de tout membre et moulure d'architecture.

Sacristie, s. f. salle où l'on serre les choses sacrées et les ornemens.

Sagette, voy. *flèche*.

Saignée s. f. petite rigole pour étancher l'eau d'une fondation.

Saillie ou *projecture*, s. f. avance qu'ont les moulures et les membres d'architecture au-delà du nu du mur.

Salle, s. f. nom commun à plusieurs pièces d'appartement qu'il faut spécifier, salle à manger, etc.

Salon, s. m. c'est, dans un appartement, la pièce d'apparat où on reçoit les étrangers.

Sanctuaire, s. m. c'est, dans le chœur d'une église, l'endroit où est l'autel.

Sapines, s. f. pl. solives de bois de sapin. On s'en sert dans les échafaudages.

Sapper, v. act. abattre un mur par sous-œuvre. | Signifie

aussi faire sauter une roche par le moyen d'une mine. On appelle sappe, l'ouverture qu'on fait.

Sarcophage, s. m. coffre en pierre ou en marbre, où on renfermait les corps morts.

Sas, s. m. sorte de tamis pour passer le plâtre. Ce mot veut dire aussi un bassin compris entre deux portes d'écluse.

Savonnière, s. f. grand bâtiment où l'on fait le savon.

Sauterelle, s. f. instrument qui sert à prendre et à tracer toutes sortes d'angles. On l'appelle aussi fausse équerre ou équerre mobile.

Scabellon, s. f. espèce de piédestal, haut, menu, profilé en manière de balustre, destiné à porter un buste, une pendule, etc.

Sceller, v. act. c'est arrêter, avec le plomb, le plâtre ou le mortier des pièces de bois ou de fer.

Scène, s. f. partie du théâtre où se passe l'action dramatique.

Scénograpahie, voy. *perspective*.

Sciographie ou *sciagraphie*, s. f. espèce de dessin qu'on appelle plus communément coupe d'un édifice, et qui montre l'intérieur des appartemens.

Scotie, s. f. moulure ronde et creuse, entre les tores de la base d'une colonne : elle est aussi appelée nacelle, membre creux et trochile.

Sculpture, s. f. art de faire des figures et autres ornemens qui servent à décorer un bâtiment.

Sec, adj. terme usité par métaphore, pour signifier ce qui est dessiné dur et de mauvais goût.

Section, s. f. c'est la superficie qui paraît d'un corps coupé, c'est aussi l'endroit où les lignes et les plans se coupent.

Sellerie, s. f. lieu où l'on tient les selles et les harnais des chevaux.

Semelle, s. f. espèce de tirant où sont assemblés les pieds de la ferme d'un comble.

Semelle d'étaie, pièce de bois couchée à plat, sous le pied d'une étaie.

Séminaire, s. m. maison de communauté où l'on instruit les personnes destinées à l'église.

Sépulcral, adj. épithète de tout ce qui a rapport à un sépulcre. Ainsi on dit : chapelle, colonne sépulcrale.

Sépulcre, s. m. lieu disposé pour la sépulture.

Sérail ou *Serrail*, s. m. c'est, chez les Lévantins, un palais ou un hôtel, mais particulièrement le palais du Grand-Seigneur. Ce mot indique aussi le lieu où les orientaux tiennent leurs femmes.

Serpentin, s. m. porphyre vert, marbre tacheté vert obscur à filets jaunes serpentant.

Serre, s. f. salle dans laquelle on serre les arbrisseaux, les fleurs et les fruits qui ne peuvent pas résister au froid.

Serrure, s. f. sorte de machine de fer qu'on applique à une porte, une armoire, etc., pour la fermer.

Serrurerie, s. f. tous les ouvrages en fer d'un bâtiment.

Servitude, s. f. c'est un droit sur l'héritage d'autrui.

Seuil, s. m. partie inférieure d'une porte, et la pierre qui est entre ses tableaux ; elle ne diffère du pas qu'en ce qu'elle n'excède pas le nu du mur.

Siége d'aisance, s. f. c'est la devanture et la lunette d'une aisance.

Signage, s. m. dessin d'un compartiment de vitres.

Simbleau, s. m. cordeau qui sert à tracer des courbes.

Simétrie ou *symétrie*, s. f. rapport de parité, soit de hauteur, de largeur ou de longueur des parties, pour composer un beau tout.

Singe, s. m. machine qui sert à enlever des fardeaux.

Singler, v. n. c'est, dans le toisé, contourner, avec le cordeau, le cintre d'une voûte, et toute autre partie qui ne peut être mesurée avec le pied et la toise.

Sistyle, voy. *Systyle*.

Situation, s. f. manière dont un bâtiment est placé par rapport aux objets environnans, et la disposition du terrain sur lequel il est assis.

Socle, s. m. corps carré, plus bas que large, qui se met sous les bases des piédestaux, des statues, des vases, etc.

Socle continu, voy. *soubassement*.

Sofite ou *soffite*, s. m. surface inférieure d'un membre d'architecture, qui se présente horizontalement au-dessus de nos têtes, comme le dessous d'un larmier.

Sol, s. m. aire du terrain sur lequel on bâtit.

Soles, s. f. pl. On appelle ainsi toutes les pièces de bois posées de plat.

Solide, s. m. nom commun et à la consistance d'un terrain sur lequel on fonde, et au massif de maçonnerie sans vide.

Solins, s. m. pl. bouts des entrevoux de solives enduits de plâtre, pour retenir les premières tuiles d'un pignon.

Solive, s. f. pièce de bois qui sert à former les planchers.

Soliveau, s. m. moyenne pièce de bois plus courte qu'une solive ordinaire.

Sommellerie, s. f. lieu près de l'office, où l'on garde le vin de la cave.

Sommet, s. m., c'est la pointe de tout corps, comme d'un triangle, d'une pyramide, d'un fronton.

Sommier, s. m. c'est la première pierre qui pose sur le pied-droit, quand on forme un arc, une plate-bande. | Grosse pièce de bois, qui porte sur deux pieds-droits de maçonnerie, et sert de linteau à une porte ou à une croisée.

Sonder, v. act. reconnaître la qualité du fonds d'un terrain.

Sonnette, s. f. machine qui sert à enfoncer des pieux et des pilots.

Soubassement, s. m. large retraite, ou espèce de piédestal continu, qui sert à porter un édifice. Les architectes le nomment stéréobate, et socle continu quand il n'y a ni socle ni corniche.

Souche de cheminée, s. f. c'est un tuyau de cheminée qui paraît au-dessus du comble.

Souchet, s. m. pierre du banc le plus bas de la carrière et qui n'est pas encore formé.

Soudure, s. f. composition métallique qui sert à souder. | Endroit soudé. | Travail de celui qui soude.

Soupape, s. f. tampon pour fermer un bassin, un réservoir d'eau.

Soupente, s. f. espèce d'entresol fait de planches portées sur des chevrons ou soliveaux.

Soupirail, s. m. ouverture en glacis, pour donner de l'air à une cave ou à un cellier.

Souterrain, s. m. lieu excavé sous terre.

Sphère, s. f. c'est un corps parfaitement rond, qu'on nomme aussi globe et boule.

Sphéroïde, s. m. corps formé par la révolution d'une ellipse dont la forme le rapproche de celle d'un cercle.

Sphinx, s. m. monstre imaginaire qui a la tête d'une fille et le corps d'un lion.

Spire, voy. *base*.

Stade, s. m, partie du palestre où les athlètes s'exerçaient à la course à pied.

Statue, s. f. terme de décoration; figure humaine de pierre, de marbre ou de métal, qui fait l'ornement d'un palais ou d'une place publique.

St les, s. f. pl. Les Grecs nommaient ainsi les pierres quarrées dans leur base, qui conservaient une même grosseur dans toute leur longueur, et ils appelaient *styles* les pierres qui, étant rondes en leur base, finissaient en pointe vers le haut.

Stéréobate, voy, *soubassement*.

Stéréographie, s. f. art de dessiner les bâtimens selon les règles de la perspective.

Stéréotomie, s. f. art de la coupe des solides. Voy. *coupe des pierres et charpentes*.

Striures, voy. *cannelures*.

Structure, s. f. arrangement des matériaux qui forment un édifice.

Stuc, s. m. sorte de mortier dont on fait des enduits qui ont l'apparence du marbre.

Stucateur, s. m. ouvrier qui travaille au stuc.

Style, s. m. terme emprunté à la réthorique, qui signifie la manière dont a été construit un monument d'architecture; ainsi on dit monument d'un style grand, beau, mauvais, etc. On désigne aussi par ce mot la barre d'un cadran solaire.

Stylobate, s. m. piédestal continué sous un rang de colonnes.

Svelte, adj. menu et léger.

Support, s. m. toute pièce de construction qui en porte une autre.

Surbaissé, adj. se dit d'une voûte, d'un arc dont le cintre est moindre que la moitié d'un cercle.

Surbaissement, s. m. trait de tout arc surbaissé.

Surhaussement, s. m. c'est le contraire du surbaissement.

Surplomb. s. m. On dit qu'un mur est en surplomb, quand il deverse et qu'il n'est pas à-plomb.

Surplomber, v. n. c'est être en surplomb.

Symétrie, voy. *simétrie*.

Systyle, s. m. bâtiment où les colonnes sont espacées de deux diamètres.

T

Tabernacle, s. m. petit temple que l'on met sur un autel pour y renfermer le ciboire.

Table, s. f. plan oblong ou quarré, en saillie ou en creux sur le nu d'un mur, pour mettre des inscriptions, devises, etc.

Tableau, s. m. ouvrage de peinture qui sert à décorer l'intérieur des bâtimens.

Tableau de baie, c'est, dans la baie d'une porte ou d'une fenêtre, la partie de l'épaisseur du mur qui paraît au dehors depuis la feuillure.

Tablette, s. f. pièce de marbre, de pierre ou de bois, posée à plat pour servir de revêtement ou de support.

Tablier, s. m. plancher des ponts en charpente.

Tailleur de pierre, s. m. ouvrier maçon qui équarrit et taille les pierres.

Tailloir, voy. *abaque*.

Talon, s. m. moulure concave par le bas, et convexe par le haut.

Talus, s. m. inclinaison sensible d'un mur d'un remblai, etc. pour lui donner plus de solidité.

Tambour, s. m. assise ronde de pierre, dont plusieurs forment le fût d'une colonne.

Tamponner, voy. *ruiner*.

Tampons, s. m. pl. chevilles de bois que l'on met dans des trous percés dans un mur de pierre pour y faire entrer un clou, etc.

Tannerie, s. f. bâtiment où on façonne le cuir.

Taquets, s. m. pl. petits piquets qu'on enfonce à tête perdue dans la terre, afin qu'on ne les arrache pas.

Targette, voy. *verrou*.

Tas, s. m. c'est le bâtiment même qu'on élève. On dit retailler une pierre sur le tas, etc.

Tas de charge, voy. *encorbellement*.

Tassé, adj. épithète qu'on donne à un mur qui a pris son tassement.

Tasseau, s. m. petit morceau de bois pour porter des pannes, des tablettes, etc.

Tassement, s. m. affaissement d'un bâtiment produit par la pression et la dessication des mortiers.

Taudis, s. m. petit grenier pratiqué dans le fond d'un comble, d'une mansarde; c'est aussi un petit lieu pratiqué sous la rampe d'un escalier, pour servir de bûcher ou pour quelqu'autre commodité.

Télamones, s. f. pl. statues d'hommes qui servaient à porter des corniches et à soutenir des consoles.

Témoin, s. m. petite bute que les terrassiers laissent afin de juger de l'épaisseur des terres pour les toiser.

Temple, s. m. édifice public consacré à Dieu, ou à ce qu'on révère comme Dieu.

Tenie, voy. *bandelette*.

Tenon, s. m. bout d'une pièce de bois, diminué quarrément pour entrer dans une mortaise.

Terme, s. m. statue humaine dont la partie inférieure se termine en gaîne.

Terrasse, s. f. ouvrage de terre revêtu d'une forte muraille destiné à la promenade ; et, par analogie, on nomme terrasse les combles en plate-forme dont on couronne souvent les bâtimens.

Terrassier, s. m. ouvrier qui remue et transporte les terres extraites dans la construction d'un bâtiment.

Terrain, s. m. fonds sur lequel on bâtit.

Terre-plain, s. f. nom général qu'on donne à toute terre rapportée entre deux murs de maçonnerie.

Tête, s. f. partie antérieure de toute partie d'architecture ; ainsi on dit tête de mur, de voussoir, etc.

Tétrastyle, s. m. édifice orné de quatre colonnes.

Théâtre, s. m. édifice public destiné aux représentations scéniques.

Thermes, s. m, pl. bains publics des anciens.

Tholus, s. m. c'est la clef ou s'assemblent toutes les courbes d'une voûte de charpente.

Tiercer, v. act. c'est réduire au tiers. On dit que le pureau des tuiles ou ardoises d'une couverture sera tiercé, c'est-à-dire, que les deux tiers en seront recouverts.

Tiercerons, s. m. pl. ce sont, dans les voûtes gothiques, des arcs qui naissent des angles, et qui vont se joindre aux liernes.

Tiercine, s. f. tuile taillée en long pour former les battelemens.

Tiers-point, s, m. courbe de l'arc d'une voûte gothique.

Tige, s. f. On appelle ainsi le fût d'une colonne. Voy. *fût*.

Tige de rinceau, espèce de branche qui part d'un culot, et porte les feuillages d'un rinceau d'ornement.

Tigette, s. f. c'est, dans le chapiteau corinthien, une espèce de tige d'où naissent les volutes et les hélices.

Timpan ou *tympan*, s. m. partie de mur qui reste entre les trois corniches d'un fronton triangulaire, ou les deux extrados de deux arceaux ou voûtes.

Tirant, s. m. longue pièce de fer ou de bois.

Toise, s. f. mesure de six pieds.

Toise courante, toise qui est mesurée suivant sa longueur seulement.

Toise cube, *solide* ou *massive*, toise qui est mesurée en longueur, largeur et profondeur, ou hauteur.

Toise quarrée ou *superficielle*, toise qui est multipliée par elle-même.

Toisé, s. m. dénombrement par écrit des toises de chaque sorte d'ouvrage qui entrent dans la construction d'un bâtiment.

Toiser, v. act. c'est mesurer un ouvrage avec la toise, pour en prendre les dimensions, ou pour en faire l'estimation.

Toit, voy. *comble*.

Tole, s. f. fer débité en feuilles.

Tombe, s. f. pierre dont on couvre une sépulture.

Tombeau, s. m. partie principale d'un monument funéraire, où repose le cadavre. | Se dit aussi du monument élevé sur la sépulture.

Tondin, voy. *tore*.

Torchère, s. f. grand guéridon triangulaire qui soutient un plateau pour porter de la lumière.

Torchis, s. m. mortier fait de terre grasse détrempée et mêlée avec de la paille.

Tore, s. m. grosse moulure ronde, servant aux bases des colonnes.

Torse, adj. épithète qu'on donne à une colonne dont le fût est en spirale.

Torser, v. act. c'est contourner le fût d'une colonne en spirale ou vis, pour la rendre torse.

Tortillis, s. m. espèce de vermoulure faite à l'outil sur un bossage rustique.

Toscan, adj. le premier des ordres d'architecture.

Tour, s. f. bâtiment fort élevé, de figure ronde, quarrée ou à pans.

Tour ronde. Les ouvriers appellent ainsi le dehors d'un mur circulaire, et le dedans, tour creuse.

Tourelle, s. f. petite tour portée par encorbellement.

Tourillon, s. m. cheville ou boulon de fer qui sert d'essieu, et sur lequel tourne une poste ou un vantail.

Tourner, v. act. c'est exposer et disposer un bâtiment avec avantage.

Tourner au tour, c'est donner sur le tour la dernière forme à un corps quelconque.

Tourniquet, s. m. espèce de moulinet à quatre bras, placé dans une ruelle, pour empêcher les chevaux d'y passer.

Trabéation, voy. *entablement*.

Tracer, v. act. tirer les premières lignes d'un plan sur le papier ou sur le terrain.

Traîner en plâtre, v. act. c'est faire une corniche avec le calibre qu'on traîne sur deux règles arrêtées.

Trait, s. m. coupe, taille des pierres.

Tranchée, s. f., ouverture en terre pour fonder un édifice.

Tranchée de mur, ouverture dans un mur pour y recevoir une solive, un poteau, etc.

Tranchis, s. m. rang d'ardoises ou de tuiles, qui sont en recouvrement sur d'autres entières, dans l'angle rentrant d'une noue.

Trappe, s. f. fermeture de bois qui couvre une descente, un trou.

Travailler, v. n. se dit d'un bois ou d'un mur qui se déjette ; il devient actif lorsqu'il signifie façonner ou mettre en œuvre des matériaux quelconques.

Travaison, s. m. terme dont M. Blondel s'est servi pour *trabéation* ou *entablement*.

Travée, s. f. rang de solives posées entre deux poutres, dans un plancher.

Traverse, s. f. pièce de bois qui s'assemble avec les battans d'une porte.

Traversines, s. f. pl. espèce de solives qu'on entaille dans les pilots.

Travons, s. m. pl. ce sont, dans un pont de bois, les maîtresses pièces qui en traversent la largeur.

Trèfles, s. f. c'est un ornement imité de la feuille de trèfle.

Treillage, s. m. ouvrages faits d'échalas pour la décoration des jardins.

Treille, s. f. berceau couvert de ceps de vigne.

Treillis, s. m. châssis fait de menues barres de fer ou de bois.

Trémeau, voy. *trumeau*.

Trémion, s. m. barre de fer qui sert à soutenir la hotte ou la trémie d'une cheminée.

Trésor, s. m. lieu où sont renfermées des choses précieuses.

Trianon, s. m. c'est, dans un parc, un pavillon éloigné d'un château.

Tribunal, s. m. c'est, dans une salle pour rendre la justice, les sièges avec les bancs où sont assis les juges.

Tribune, s. f. c'est, dans une salle d'assemblée, l'estrade où se place l'orateur. | On appelle ainsi les galeries élevées dans les églises pour chanter la musique, ou entendre l'office.

Triglyphe, s. m. espèce de bossage particulier à la frise dorique.

Tringle, s. f. espèce de règle longue qui sert à divers usages dans la menuiserie.

Tringler, v. act. c'est sur une pièce de bois, marquer une ligne droite avec le cordeau.

Triperie, s. f., bâtiment compris dans une boucherie ou un abattoir, et où l'on prépare les tripes des animaux.

Trochile, voy. *scotie*.

Trompe, s. f. espèce de voûte en saillie, qui semble se soutenir en l'air.

Trompillon, s. m. petite trompe qui a peu de plan et de portée.

Tronc, s. m. c'est le fût d'une colonne et le dez d'un piédestal.

Tronche, s. f. grosse et courte pièce de bois, dont on peut tirer une courbe rampante pour un escalier.

Tronçon, s. m. morceau de marbre ou de pierre dure, dont deux, trois ou quatre forment le fût d'une colonne.

Trône, s. m. c'est un siège royal.

Tronquer, v. act. retrancher, couper une partie de

quelque chose ; ainsi on appelle colonne tronquée, une partie du fût sur sa base.

Trophée, s. m. groupes d'ornemens, d'attributs appendus à un mur, à une colonne.

Trou, s. m. nom général qu'on donne à toute cavité.

Trottoir, s. m. chemin en banquette à l'usage des piétons.

Truelle, s. f. outil de maçon qui sert à prendre et à mettre en œuvre le mortier.

Trullization, s. f. Vitruve appelle ainsi toutes sortes de mortier travaillé avec la truelle.

Trumeau, s. m. partie du mur de face entre deux ouvertures.

Tuf ou *tuffeau*, s. m. c'est un terrain qui fait masse solide, et sur lequel on peut fonder. On en tire une pierre tendre.

Tuile, s. f. ouvrage de terre cuite dont on couvre les bâtimens.

Tuile faîtière, tuile creuse dont on se sert pour couvrir le faîte d'un comble.

Tuileaux, s. m. pl. morceaux de tuiles cassées.

Tuilerie, s. f. grand bâtiment où l'on fait la tuile.

Turbine, s. f. tribune près de l'orgue, dans une église.

Turcie, s. f. espèce de digue ou de levée en forme de quai, pour résister aux inondations. Voy. *Digue* et *Quai*.

Tuyau, s. m. c'est un corps long et creux qui sert pour conduire l'eau.

Tuyau de cheminée, c'est le conduit par où passe la fumée.

Tympan, voyez *timpan*.

U

Urne, s. f. vases de formes diverses qui sert à la décoration.

Usine, s. f. ensemble des bâtimens, ateliers et machines qui constituent un établissement manufacturier.

V

Vaisseau, s. m. intérieur d'un bâtiment, se dit plus particulièrement d'une église.

Vannes, s. f. pl. portes mobiles pour retenir ou lâcher les eaux d'un bassin, d'un canal.

Vantail, s. m. battant ou moitié de la fermeture d'une porte.

Vase, s. f. terrain marécageux et sans consistance.

Vase, s. m. corps du chapiteau corinthien, et du chapiteau composite.

Vase à la Médicis, s. m. c'est un vaisseau ou espèce de coupe de forme élégante dont on décore les jardins et terrasses, etc.

Veau, s. m. morceau de bois qu'on ôte avec la scie, du dedans d'une courbe.

Veine, s. f. c'est une beauté, quelquefois un défaut dans la pierre, le marbre ou le bois.

Véla, s. f. décoration pour le plafond des salles de spectacle, qui imite une toile étendue horizontalement.

Ventilateur, s. m. appareil au moyen duquel on renouvelle l'air d'un intérieur.

Ventiler, v. act. pratiquer des ventilateurs.

Ventouse, s. f. petite ouverture pour donner passage à l'air.

Ventre, s. m. bombement d'un mur qui boucle et qui est hors de son à-plomb.

Ventrières, s. f. pl. pièces de bois qui portent sur les pilots des fondemens et qui servent comme de coulisses aux palplanches.

Verboquet, s. m. cordeau que l'on attache à l'un des bouts d'une pièce de bois, où d'une colonne, pour empêcher qu'elle ne touche à quelque saillie, quand on la monte. On dit aussi *virebouquet*.

Verd ou *vert*, s. m. couleur qui s'obtient par le mélange du jaune et du bleu.

Verger, s. m. jardin planté d'arbres fruitiers.

Vermiculé, adj. ouvrage sculpté, comme si les vers l'avaient rongé et qui a quelque rapport avec le moiré des étoffes.

Verre, s. m. matière transparente dont on garnit les vitraux et les croisées.

Verrerie, s. f. bâtiment où on fait les ouvrages de verre.

Verrou ou *verrouil*, s. m. pièce de serrurerie qu'on fait mouvoir dans des crampons, pour fermer une porte.

Vertical, adj. plan ou ligne perpendiculaire, au plan horizontal ; le fil à-plomb donne la position de la ligne verticale.

Vertugadin, s. m. glacis de gazon en amphithéâtre.

Vestibule, s. m. lieu couvert, commun à divers appartemens d'une maison.

Vestige, s. m. reste des fondations ou de quelques fragmens d'un ancien édifice.

Vidange, s. f. c'est le transport des décombres ou ordures qu'on ôte d'un lieu.

Vide, s. m. se dit par opposition à plain.

Vif, indéclinable. partie de la pierre qui est sous le bouzin.

Vindas, s. m. Machine qui sert à traîner les fardeaux d'un lieu à un autre.

Vintaines, voy. *cables*.

Vis, s. f. on ajoute *de colonne*, c'est le contour d'une colonne torse, c'est aussi le contour d'une colonne creuse.

Vis, s. f. terme de serrurerie, cylindre environné d'une cannelure qui est tourné dans un écrou.

Vitrage, s. m. nom général de toutes les vitres d'un batiment.

Vitrail, s. m. grande fenêtre d'une église ou d'une basilique.

Vitrerie, s. f. voy. *verre et vitres*.

Vitres, s. f. pl. panneaux de pièces de verre.

Vivier, s. m. ou *piscine* s. f. grand bassin d'eau dans lequel on met du poisson.

Volet, s. m. petit lieu dans la maison d'un particulier où il nourrit des pigeons.

Volets ou *guichets*, s. m. pl. fermeture de bois sur les chassis, par dedans les fenêtres.

Volière, s. f. lieu où l'on tient différens oiseaux.

Volute, s. f. enroulement en ligne spirale, qui fait le principal ornement des chapiteaux ionique, corinthien et composite.

Vomitoire, s. m. issues par lesquelles s'écoulait la foule dans les théâtres antiques.

Voussoir, s. m. pierres qui forment une voûte ou une arcade.

Voussure, s. f. portion de voûte depuis sa naissance jusqu'à un point quelconque.

Voûte, s. f. corps de maçonnerie en arc, dont les pierres se soutiennent les unes les autres.

Voûter, v. act. c'est construire une voûte.

Voyer, s. m. officier chargé de veiller à ce que les rues et les voies publiques soient sûres et commodes.

Vrilles, voy. *hélices*.

Vue, s. f. signifie toutes sortes d'ouvertures par lesquelles on reçoit le jour.

Vue, s. f. c'est l'aspect d'un bâtiment, vue de front, vue de côté, vue d'angle.

Vue d'oiseau, c'est la représentation d'un plan supposé vu en l'air.

X

Xiste, s. m. portique d'une grande longueur, couvert ou découvert, où les athlètes s'exerçaient à la lutte, ou à la course.

Y

Yeux de bœuf, voy. *œil de bœuf*.

Z

Zig-zag, on caractérise ainsi une allée qui va de biais.
Zocle voy. *socle*.
Zoophore voy. *frise*.

FIN.

A. PIHAN DELAFOREST,
RUE DES NOYERS, n° 37.

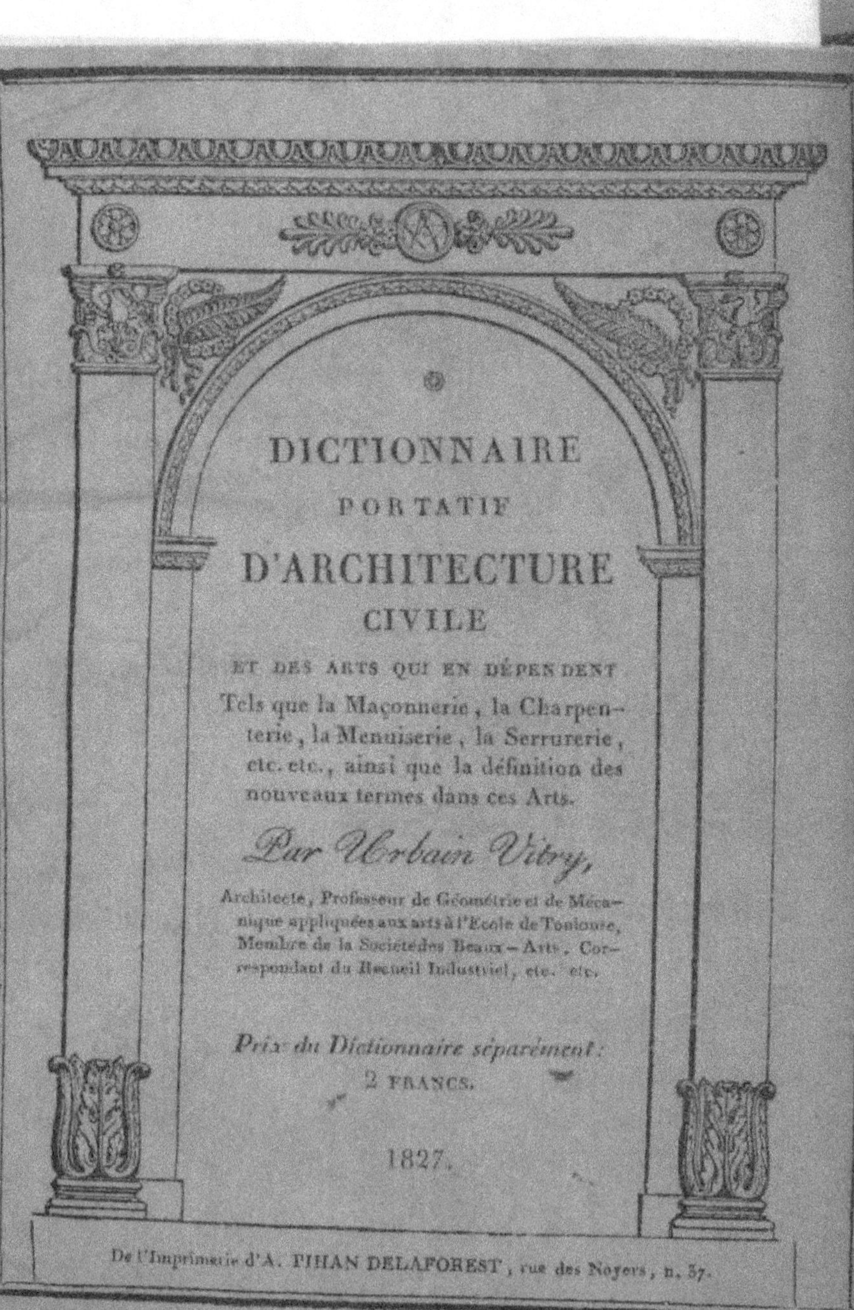

DICTIONNAIRE PORTATIF D'ARCHITECTURE CIVILE

ET DES ARTS QUI EN DÉPENDENT

Tels que la Maçonnerie, la Charpenterie, la Menuiserie, la Serrurerie, etc. etc., ainsi que la définition des nouveaux termes dans ces Arts.

Par Urbain Vitry,

Architecte, Professeur de Géométrie et de Mécanique appliquées aux arts à l'École de Toulouse, Membre de la Société des Beaux-Arts, Correspondant du Recueil Industriel, etc. etc.

Prix du Dictionnaire séparément :
2 FRANCS.

1827.

De l'Imprimerie d'A. FIHAN DELAFOREST, rue des Noyers, n. 37.

www.ingramcontent.com/pod-product-compliance
Lightning Source LLC
LaVergne TN
LVHW020316230826
846091LV00003B/690

* 9 7 8 2 3 2 9 2 6 0 5 6 3 *